The Holloway engraving of Benjamin West's Portrait. Reproduced by courtesy
of The National Library of Wales

Llingerfiad Holloway o bortread Benjamin West. Atgynhyrchwyd gyda chaniatâd
Llyfrgell Genedlaethol Cymru

D. O. Thomas

RICHARD PRICE
1723 - 1791

GWASG PRIFYSGOL CYMRU
UNIVERSITY OF WALES PRESS
1976

Argraffwyd gan CSP Caerdydd

Rhagair

Y mae'r traethawd hwn yn rhagarweiniad i waith un o athronwyr mwyaf blaenllaw Cymru, sef Richard Price o Dyn-ton, yr ystyrir ei lyfr, *A Review of the Principal Questions in Morals*, gan laweroedd erbyn hyn yn un o glasuron athroniaeth foesol Prydain. Fe enillodd Price glod yn ei oes ei hun nid yn unig fel athronydd, ond hefyd fel mathemategydd, fel diwinydd, fel arloeswr er datblygu'r wyddor o actiwariaeth, fel arbenigwr ynghylch problemau cyllid cenedlaethol, ac fel pamffledwr gwleidyddol. Yn yr holl amryfal feysydd hyn fe wnaeth gyfraniadau arwyddocaol a gwreiddiol: golygu gwaith Thomas Bayes am y ddamcaniaeth o debygolrwydd, gweithredu'n gynghorwr ar bynciau actiwaraidd i'r *Society for Equitable Assurances* yn ystod y blynyddoedd cyntaf o lunio a datblygu yswiriant, ysgrifennu pamffledau dylanwadol o blaid Gwrthryfelwyr America, chwarae rhan amlwg yn y mudiadau dros ddiwygio'r Senedd a thros ragor o gydnabyddiaeth gyfreithiol i'r hawl i ryddid addoliant, cynllunio (gydag eraill) Ddeddf Pitt yn 1786 am y Gronfa Soddi, a phregethu'r bregeth enwog "A Discourse on the Love of our Country" yng nghyfarfod Cymdeithas y Chwyldro ar 4 Tachwedd 1789. Y mae ei orchestion deallol lawer a'i daerineb wrth amddiffyn iawnderau dyn yn

Preface

This essay is an introduction to the work of one of Wales's most distinguished philosophers, Richard Price of Tyn-ton, whose *A Review of the Principal Questions in Morals* is now widely regarded as a classic of British moral philosophy. Price won distinction in his own day not only as a philosopher, but also as a mathematician, a theologian, a pioneer in the development of actuarial science, an expert on problems of national finance and a political pamphleteer. In all these different fields he made significant and original contributions: he edited Thomas Bayes's work on probability theory, acted as a consultant on actuarial matters to the Society for Equitable Assurances in the formative years of the development of insurance, wrote influential pamphlets in defence of the American Revolutionaries, played a prominent part in the movements for parliamentary reform and greater legal recognition of the right to freedom of worship, was one of the architects of Pitt's Sinking Fund Act of 1786 and preached the famous sermon *A Discourse on the Love of Our Country* at the meeting of the Revolution Society on 4 November 1789. His many intellectual achievements and his passionate defence of human rights are sufficient reasons why we should honour his memory but they

ddigon o reswm inni ei gofio'n anrhydeddus, ond y mae rhesymau ragor. Fe lwyddodd Price i raddau sylweddol iawn i wireddu yn ei berson ei hun y delfryd a reolai ei fuchedd, o ddyn yn gwasnaethu Duw a'i gyd-ddynion gan ymorol yn ddyfal amyneddgar am wybodaeth. Ac ef ei hun wedi ymroi o'i galon i'r ymchwil am y gwir, fe gredodd y dylai drin eraill, yn gyfeillion a gwrthwynebwyr fel ei gilydd, fel rhai wedi ymroi lawn cymaint o ddifrif, gan ymdrechu i gyfuno ymchwil lem am wybodaeth â pharch at resymolder pobl eraill. Dylid gadael i bob dyn ryddid i weithredu'n unol â'i gydwybod ei hun, a sicrhau i bawb yr hawliau i ryddid ymofyn a rhyddid trafod. Yr oedd Price yn gennad dros ddidwylledd, a'i waith yn haeddu sylw gan y rhai a fyn ymaflyd yn gryfach mewn gwerthoedd rhyddfrydol.

Yr wyf yn bur ddyledus i'm cydweithiwr, y Tad John FitzGerald, am y gymwynas o ddarparu'r cyfieithiad, ac i'r Dr. R. Brinley Jones, F.S.A., Cyfarwyddwr Gwasg Prifysgol Cymru, am ei garedigrwydd yntau wrth ddwyn y llyfr hwn drwy'r Wasg. Mi hoffwn ddiolch hefyd i'r *National Portrait Gallery* am ganiatáu imi atgynhyrchu'r portread o Ardalydd Lansdowne, a'r Llyfrgell Genedlaethol am ganiatâd i atgynhyrchu llingerfiad Holloway o bortread Benjamin West o Richard Price.

D. O. THOMAS

Coleg Prifysgol Cymru,
Aberystwyth.

are not the only ones. Price succeeded in realising in his own person in very substantial measure the idea by which he lived, that of a man who serves God and his fellow-men by the patient, unremitting pursuit of knowledge. Deeply committed to the search for the truth he believed that he should treat others, friend and opponent alike, as though they too were equally deeply committed, striving to combine a rigorous pursuit of knowledge with a respect for the rationality of others. Every man should be accorded the freedom to act in accordance with his own conscience; and the rights to freedom of enquiry and freedom of discussion should be secured to all. Price was an apostle of candour whose thought and work will repay the attention of those who are concerned to strengthen their hold on liberal values.

I am much indebted to my colleague, Father John FitzGerald, for his kindness in providing the translation, and to Dr. R. Brinley Jones, F.S.A., Director of the University of Wales Press for his kindness in seeing this book through the Press. I also wish to thank the National Portrait Gallery for allowing me to reproduce the portrait of the Marquis of Lansdowne, and the National Library for permission to reproduce the Holloway engraving of the Benjamin West portrait of Richard Price.

D. O. THOMAS

*University College of Wales
Aberystwyth.*

Richard Price
1723 - 1791

Fe aned Richard Price yn Tyn-ton, ffermdy ym mhlwyf Llangeinor yn Sir Forgannwg, ar Chwefror 23, 1723. Yr oedd ei dad, Rice Price, yn weinidog Ymneilltuol a dau le cwrdd yn ei ofalaeth, y naill yn City, y Betws (Tir Iarll) a'r llall yn y Castellnewydd, Pen-y-bont ar Ogwr. Yr oedd ei fam, Catherine, yn ferch i'r Dr. Richards, meddyg ym Mhen-y-bont. Yn ddyn ifanc yr oedd Rice Price wedi cynorthwyo'r enwog Samuel Jones, Brynllywarch, fel gweinidog a hefyd fel tiwtor yn yr Academi. Y mae Samuel Jones yn un o arwyr addysg yng Nghymru; fe fu un adeg yn Ficer Llangynwyd, ond ar ôl ei ddiswyddo yn sgîl Deddf Unffurfiaeth 1662 yr oedd wedi dod i Frynllywarch i weinidogaethu i'r rhai nad oeddent fwy nag yntau wedi gallu aros yn Eglwys Lloegr, ac i sefydlu Academi yno. Gan fod yr Ymneilltuwyr wedi eu hatal yn effeithiol rhag anfon eu meibion i Rydychen a Chaergrawnt, bu raid iddynt greu eu sefydliadau eu hunain i baratoi dynion ifainc i'r weinidogaeth. Yr oedd Brynllywarch yn un o'r rhain, ac fe'i mynychwyd gan Rice Price a chan Samuel Price, ewythr Richard, a ddaeth yn nes ymlaen yn gyd-fugail ag Isaac Watts, yr emynydd enwog, yn St. Mary Axe, Bury Street, Llundain.

Richard Price
1723 - 1791

Richard Price was born at Tyn-ton, a farmhouse in the parish of Llangeinor in the county of Glamorgan on 23 February 1723. His father, Rice Price, was a Dissenting Minister who had the care of two meeting places, one at City, Bettws and the other at Newcastle, Bridgend. His mother, Catherine, was the daughter of Dr. Richards, a physician at Bridgend. As a young man Rice Price had assisted the celebrated Samuel Jones of Brynllywarch both as a Minister and as a Tutor at the Academy. Samuel Jones is one of the heroes of Welsh education; at one time he had been Vicar of Llangynwyd but after his eviction following the Act of Uniformity in 1662 he had come to Brynllywarch to minister to those who like himself had been unable to remain in the Church of England, and to found an Academy there. As the Dissenters were effectively barred from sending their sons to Oxford and Cambridge, they had to establish institutions of their own in which young men could be prepared for the Ministry. Brynllywarch was one of these and it was attended by Rice Price and Samuel Price, Richard's uncle, who later became co-pastor with Isaac Watts, the celebrated hymn writer at St. Mary Axe, Bury Street, London.

Bu Samuel Jones farw yn 1697, ymhell cyn geni
Richard, ond fe fyddid wedi crybwyll ei enw gyda
pharch yn Nhyn-ton, ac fe fyddai Richard wedi clywed
ei dad yn sôn am wroldeb Samuel Jones yn wyneb
erledigaeth ac yn ei ymdrech i gynnal yr Academi.
Yn fachgen, fe fyddai Richard wedi clywed llawer am
brofedigaethau a helbulon yr Ymneilltuwyr, ac mae'n
debyg iddo yn gynnar iawn yn ei hanes gael ei feddi-
annu gan sêl i wella'u stad, yn enwedig drwy sicrhau'r
hawl i ryddid addoli, fel y câi pob dyn heb na rhwystr
na llestair addoli Duw fel y gwelai'n gymwys, beth
bynnag fyddai ei ddaliadau crefyddol. Y sêl hon dros
ryddid crefydd a daniodd ei frwdfrydedd dros grwsadau
eraill, yn enwedig o blaid diwygio'r Senedd ac er
amddiffyn egwyddorion ymreolaeth.

Fe ddechreuodd addysg Richard Price gartref dan
ofal un o'r enw Mr. Peters, a ddaeth wedyn yn weinidog
ymneilltuol, ac yna fe aeth i ysgol a gedwid gan Joseph
Simmons yng Nghastell Nedd. Oddi yno fe aeth i
Ben-twyn, Llan-non, Sir Gaerfyrddin, i Academi yng
ngofal Samuel Jones arall, yntau'n ŵr adnabyddus.
Arhosodd yno ryw bedair blynedd cyn treulio ysbaid
byr yn Academi Vavasour Griffiths yn Nhalgarth.
Bu Rice Price farw yn 1739, a phrin flwyddyn wedyn
fe gollodd Richard ei fam, a oedd yn annwyl iawn
ganddo. Yr oedd Vavasour Griffiths erbyn hyn yn
fregus ei iechyd, ac felly, ar gyngor ei ewythr Samuel,

Samuel Jones died in 1697, long before Richard was born, but his name would have been spoken with reverence at Tyn-ton and Richard would have heard his father speak of the courage which Samuel Jones had shown in the face of persecution and in his struggle to maintain the Academy. As a boy Richard would have heard much of the trials and tribulations of the Dissenters, and it is likely that very early in his career he became imbued with the zeal to improve their lot, particularly by securing full legal recognition of the right to freedom of worship, so that every man whatever his religious persuasion could worship God in the way he thought fit without let or hindrance. This zeal in the cause of religious liberty fired his enthusiasm for other crusades, particularly for parliamentary reform and in defence of the principles of self-government.

Richard Price began his education at home under the care of a Mr. Peters, who later became a Dissenting Minister, and then he went to a school run by Joseph Simmons at Neath. From there he went to Pen-twyn in Carmarthenshire to an Academy under the care of another celebrated Samuel Jones. There he stayed for about four years before spending a brief while at the Academy run by Vavasour Griffiths at Talgarth. Rice Price died in 1739, and barely a year later Richard lost his mother to whom he was profoundly devoted. Vavasour Griffiths was now in failing health, so, on the advice of his uncle Samuel, Richard went up to

fe aeth Richard i fyny i Llundain i gwblhau ei addysg
yn Academi Tenter Alley, Moorfields. Yma John
Eames oedd y prif diwtor, un a oedd wedi bod yn
gyfaill ac yn ddisgybl i Syr Isaac Newton. Yr oedd
y maes llafur yn Moorfields yn eang: fe gynhwysai
ddiwinyddiaeth, y clasuron, mathemateg, athroniaeth,
a'r gwyddorau anianol (testun balchder arbennig
ganddynt). Fe fu Price yn ffodus wrth gael yr athrawon
a gafodd, yn enwedig Samuel Jones Pen-twyn a John
Eames, oherwydd iddynt hwy ennyn ynddo syched
am wybodaeth a sêl daer dros egwyddorion didwylledd.
O holl gampau meddyliol Price, efallai nad oes yr
un sy'n fwy hynod na'i fod i gymaint graddau wedi
ymgorffori egwyddorion didwylledd yn ei waith ac
yn wir yn ei bersonoliaeth ei hun. Yn null Socrates fe
ymdeimlai i'r byw â'r angen inni fod yn effro i'n
hanwybodaeth ni'n hunain, ac i wrthsefyll y demtasiwn
i fod yn rhy hoff o'n tybiau ni'n hunain. Fe haerai y
dylem bwyso ein daliadau yn ôl y feirniadaeth fwyaf
llym, ac y dylem fod yn anfodlon i dderbyn unrhyw
honiadau o wirionedd a'r dystiolaeth drostynt yn
annigonol. Yr un pryd, er y dylem fod yr un mor
feirniadol o ddaliadau pobl eraill, fe ddylem bob
amser fod yn barod i drin eu tybiau hwy gyda chwr-
teisi a pharch, gan geisio'r dystiolaeth sy'n sail iddynt,
a gwylio rhag i'n hoffter o'n barnau ni ein camarwain
i wfftio barnau gwrthwynebus heb eu hystyried. Yr
hyn sydd yn y bôn yn glod a chyfiawnhad i ddyn,
meddai Price, yw nid cywirdeb neu fanyldra ei ddaliadau
yn gymaint â'i onestrwydd wrth eu maentumio.

London to complete his education at the Academy in
Tenter Alley, Moorfields. Here the principal tutor was
John Eames who had been both a friend and a disciple
of Sir Isaac Newton. The curriculum at Moorfields
was wide-ranging: it covered divinity, the classics,
mathematics, philosophy and the natural sciences (in
which they took a particular pride). Price was fortunate
in his teachers, particularly in Samuel Jones of Pen-
twyn and John Eames, for they inspired him with a
thirst for knowledge and a passionate zeal for the
principles of candour. Of Price's intellectual achieve-
ments perhaps none is more remarkable than the
extent to which he embodied in his own work, and
indeed in his own personality, the principles of candour.
In the manner of Socrates he had a very lively sense
that we need to be aware of our own ignorance, and
that we need to resist the temptation to be partial to
our own opinions. He insisted that we ought to subject
our beliefs to the strongest possible criticism and that
we should be unwilling to accept any claims to truth
for which there is insufficient evidence. At the same
time, although we should be equally critical of the
beliefs of others, we should always be prepared to
treat their opinions with courtesy and respect, seeking
the evidence on which they are based and taking care
not to be misled by a partiality to our own into
dismissing contrary opinions without examination.
What ultimately commends and justifies a man, Price
maintained, is not so much the correctness or accuracy
of his opinions as the honesty with which he maintains
them.

Pan ymadawodd â'r Academi yn Moorfields yn un ar hugain oed, fe aeth Price yn gydymaith a chaplan i George Streatfield, marchnatwr cefnog a oedd yn byw yn Stoke Newington. Yn y swydd hon fe gâi ddigon o amser i ymroi i'w astudiaethau mewn mathemateg, diwinyddiaeth, ac athroniaeth foesol, ac i lafur y cyfnod hwn o'i yrfa yr ydym yn ddyledus am lyfr y daethpwyd i'w ystyried yn glasur o athroniaeth foesol, sef *A Review of the Principal Questions and Difficulties in Morals*, a gyhoeddwyd gyntaf yn 1758.

Fel y mae enw'r llyfr yn dweud, fe arolyga Price y prif gwestiynau a boenai athronwyr moesol ei ddydd. Dichon mai'r pwysicaf o'r rhain yw sut y gellir dweud ein bod yn *gwybod* fod gweithred yn iawn neu'n gam. Fe ymrannai athronwyr y ddeunawfed ganrif yn ddwy ysgol ynghylch y pwnc hwn: y naill, fel Francis Hutcheson, David Hume, ac Adam Smith, yn credu fod barn foesol yn bennaf yn fater o *deimlo* fod rhywbeth yn iawn neu'n gam; a'r llall, fel Samuel Clarke, John Balguy, a Price ei hun, yn credu mai swyddogaeth y *deall* neu'r *rheswm* yn bennaf yw barn foesol. Gwrthwynebodd Price ysgol y Synnwyr Moesol am iddo gredu mai gwneud barn foesol yn fympwyol yw ei gwneud yn fater o ymdeimlad; hynny yw, o ddweud nad yw dyfarnu gweithred yn iawn neu gam yn ddim ond ymdeimlo'n gymeradwyol neu anghymeradwyol wrth ei hystyried, fe ganlyn na ellir torri'r ddadl

When he left the Academy at Moorfields at the age of twenty-one, Price became companion and chaplain to George Streatfield, a wealthy businessman, who lived in Stoke Newington. In this position he had ample time to devote himself to his studies in mathematics, divinity and moral philosophy, and it is to the labours of this period in his career that we owe what has come to be regarded as a classic in moral philosophy, *A Review of the Principal Questions and Difficulties in Morals* first published in 1758.

As the title of the book indicates Price surveys the main questions which worried the moral philosophers of his day. Perhaps the most important of these concerns the way in which we may be said to *know* that an action is right or wrong. The philosophers of the eighteenth century were divided into two schools on this issue: there were those, like Francis Hutcheson, David Hume and Adam Smith, who believed that moral judgement is primarily a matter of *feeling* something to be right or wrong; there were those, like Samuel Clarke, John Balguy and Price himself, who believed that moral judgement is primarily a function of the *understanding* or *reason*. Price was opposed to the Moral Sense school because he believed that to make moral judgement a matter of feeling is to make it arbitrary; that is, to say that judging some action to be right or wrong is simply having a feeling of approval or disapproval when one contemplates it has the consequence of making it impossible to adjudicate

rhwng pobl sy'n dyfarnu'n foesol wahanol am yr un weithred. Fel hyn y teimla hwn amdani, a'r llall yn teimlo fel arall; os nad oes a wnelo rheswm â'r mater, nid oes modd penderfynu pa un sy'n gywir, neu'n fwy cywir na'r llall. Yr oedd Price yn anfodlon am yr un rheswm ar y rhai a seiliai foesoldeb yn *ewyllys* Duw. Ni allai ymfodloni ar ddamcaniaethau o'r math hwn, am iddo gredu fod gwneud moesoldeb yn fympwyol yn golygu ei danseilio'n ymarferol. Fe gredai fod un safon o'r iawn a'r cam sy'n gymwys i bawb ac a all ddod yn hysbys i bawb.

I'r ddadl fod eu dehongliad hwy o natur y farn foesol yn ymhlygu ei bod yn fympwyol, ateb aelodau ysgol y Synnwyr Moesol oedd mai gwall oedd tybied fod gwneud y farn foesol yn fater o ymdeimlad yn ymhlygu y gallai'r un weithred fod yn iawn i'r naill berson ac yn gam i'r llall yr un pryd. Nid yw'r ddamcaniaeth yn ymhlygu hynny, oblegid fod mewn dynion duedd naturiol i brofi'r un emosiynau o gymeradwyaeth ac anghymeradwyaeth â'i gilydd wrth ystyried natur gweithredoedd. Ni chytunai Price fod yr ateb hwn yn cwrdd â'i ddadl—ar wahân i ddangos iddo ddibynnu ar honiad ffeithiol amheus, sef fod dynion *yn* rhannu'r un ymdeimladau cymeradwyol ac anghymeradwyol â'i gilydd wrth ystyried gweithredoedd, fe ddadleuodd Price, hyd yn oed pe bai'n wir fod gan ddynion yr un ymatebiadau emosiynol, fod seilio'r farn foesol ar

between those who make different moral judgements about the same action. One man feels one way about an action, another feels something different; and if reason has nothing to do with it there is no way of deciding who is correct or who is nearer the truth than the other. Price disapproved of those who establish morality in the *will* of God for the same reason. He could not rest content with theories of this kind because he believed that to make morality arbitrary is to undermine its practice. He believed that there is one standard of right and wrong which applies to all and which can be known by all.

To the objection that their account of the nature of moral judgement implies that it is arbitrary, the members of the Moral Sense school replied that it was erroneous to suppose that making moral judgement a matter of feeling implied that the same action could be both right for one person and wrong for another. The theory does not have this implication because men are so constituted as to experience the same emotions of approval and disapproval when they contemplate the nature of actions. Price would not allow that this reply met his objection—quite apart from showing that it depended upon a questionable assertion of fact, namely that men do share the same feeling of approval and disapproval when they contemplate actions, Price objected that even if it were true that men had the same emotional responses, to

gyfansoddiad seicolegol dyn yn golygu ei sefydlu ar
y ffaith *ddamweiniol* fod gan ddynion yr ymdeimladau
sydd ganddynt. Wedi'r cwbl, gellir dychmygu y gallai
dynion fod wedi cael eu llunio fel arall; ac iddynt
anian gwahanol, dichon mai atgas ganddynt fuasai'r
hyn sydd yn dda ganddynt fel y maent, ac mai da
ganddynt fuasai'r hyn sydd yn awr yn ffiaidd. Pe bai
hi fel yna, nid gwirioneddau rheidiol fyddai gwirion-
eddau moesol, yn wir beth bynnag fyddai trefn y byd,
yn wir sut bynnag y cyfansoddid y natur ddynol.
Fe fynnodd Price ddadlau fod yr hyn y gwyddom ei
fod yn wir mewn moesoldeb yn wir wrth raid ac yn
ddigyfnewid, yn wir ac yn hysbys wir ym mhob bydy-
sawd y gellir ei ddychmygu.

Testun dadl arall a arolygir gan Price yw'r maen
prawf (neu'r meini prawf) ar gyfer penderfynu beth
sy'n iawn a beth sy'n gam. Yr oedd un ysgol o feddwl—
a alwyd yn *Utilitarian*, Llesyddol, gan John Stuart Mill
yn nes ymlaen—yn dal nad oedd ond un prawf: y
weithred iawn i mi i'w gwneud mewn unrhyw gyswllt
fydd yr un o'r holl weithredoedd sy ar gael imi sy'n
mynd i gynhyrchu ar y mwyaf o ddaioni. Nid dweud
y mae'r Llesyddwr y dylwn gyflawni'r weithred orau
sydd ar gael imi—hwyrach y gallem i gyd gytuno ar
hynny, ond y weithred sydd ac iddi'r canlyniadau
gorau. Fe faentumia ymhellach fy mod yn gallu
penderfynu pa weithred fydd yn dwyn y canlyniadau
gorau drwy benderfynu pa weithred a gynhyrcha'r
maint mwyaf o ddedwyddwch i mi ac i eraill. Pam y

found moral judgement on man's psychological con-
stitution was to establish it upon the *contingent* fact
that men have the feelings that they have. After all, it
is conceivable that men could have been fashioned in
such a way that what they now approve they would find
repugnant, and what they now abhor they would
approve. If that were the case moral truths would not
be necessary truths, true whatever the world was like,
true whatever the constitution of human nature. Price
wanted to argue that what we know to be true in
morality is necessarily and immutably true, true and
known to be true in any conceivable universe.

Another controversy which Price surveys concerns
the criterion (or criteria) for determining what is
right and wrong. One school of thought—later given
the name Utilitarian by John Stuart Mill—held that
there was only one test: the right action for me to
take in any context is the one which of all the actions
available to me will produce the most good. The
Utilitarian is not just saying that the action which
I ought to do is the action which is the best available
to me—perhaps we could all agree to that—but the
action which has the best consequences. Furthermore,
he maintains that I can determine which action has
the best consequences by determining which action
will produce the greatest amount of happiness for
myself and for others. Why did Price object to a theory

gwrthwynebodd Price y ddamcaniaeth hon, a chymaint
o bobl wedi ei gweld yn ddeniadol yr adeg honno ac
wedyn? Fe farnodd mai gwall ar ran y Llesyddwr oedd
tybied fod iawnrwydd gweithred yn dibynnu'n gyfan-
gwbl ar werth ei chanlyniadau; nid oedd ef yn cydfynd
â'r dyb honno. Fe gredai fod i weithredoedd nod-
weddion eraill i'w gwneud yn iawn. Ni ddywedodd
fod ystyried gwerth y canlyniadau yn amherthnasol
wrth benderfynu iawnrwydd gweithred, ond fe ddy-
wedodd nad dyna'r unig ystyriaeth sy'n berthnasol.
Gallwn egluro'i bwynt o ystyried pam y dylem ddweud
y gwir. Ai'n unig am fod dweud y gwir yn gwneud pobl
yn ddedwydd, a bod dweud celwydd wrthynt a'u
twyllo yn eu gwneud yn anhapus? Neu ynteu a oes
i eirwiredd ryw addasrwydd moesol ar wahân yn llwyr
i'w ganlyniadau llesol, ac i anwiredd ryw anfadrwydd
moesol sydd ar wahân yn llwyr i'w ganlyniadau anned-
wydd? Fe ddaliai Price fod geirwiredd rywsut yn gynhenid
addas, a'i ddal am iddo gredu fod y gwir yn rhywbeth
sy'n ddyledus gennym i'n gilydd fel bodau dynol. Y mae
anwiredd yn gam nid yn unig oherwydd y trueni a achosa,
ond oherwydd ei fod ynddo'i hun yn sarhad ar urddas
dyn. Fe ddeil i fod yn sarhaus a cham hyd yn oed pan fo
iddo ganlyniadau buddiol. Gall fod amgylchiadau lawer
lle bydd rhywun yn fwy esmwyth ei fyd os cysgodaf
ef yn fwriadol rhag y gwir, ond hyd yn oed felly fe
all fy ngweithred fod yn sarhad ar ei urddas fel person,
ac yn gamwedd o'r herwydd.

which has, then and since, seemed attractive to so
many? He thought that the Utilitarian is mistaken
because he did not share the view that the rightness of
an action is dependent entirely upon the value of its
consequences. Price believed that actions have other
right-making characteristics. He did not say that
consideration of the value of the consequences is
irrelevant to determining the rightness of an action,
but he did say that it is not the only thing that is rele-
vant. We can clarify his point by considering why we
ought to tell the truth. Ought we to tell it simply
because it makes people happy and because lying and
deceiving them makes them miserable? Or is there
something morally fitting about telling the truth quite
apart from the fact that it has beneficial consequences,
and something morally wrong about lying quite apart
from the fact that it causes unhappiness? Price held
that there is something intrinsically fitting about
telling the truth, and he held this because he believed
that the truth is something we owe to each other as
human beings. Lying is wrong not just because of the
misery it causes, but because in itself it is an offence
against the dignity of man. It remains offensive and
wrong even when it has beneficial consequences.
There may be many circumstances in which a person
may be more comfortable if I deliberately shield him
from the truth, but even so my action may still offend
the dignity of his person and be for that reason wrong.

Y mae ymosodiad Price ar lesyddiaeth yn allweddol
er deall ei amddiffyniad o sefydliadau cynrychioladol
ac o egwyddor ymreolaeth. Pam y dylai dynion eu
llywodraethu eu hunain? Ai oblegid mai ymreolaeth
yw'r dull o lywodraethu sy'n creu'r mwyaf o added-
wyddwch dynol? Nid oedd gan Price ddim amheuaeth
fod dynion, gan amlaf, yn cael eu llywodraethu'n well
pan fo ganddynt ran gyflawn yn y broses o lywodraethu.
Ond nid dyna'r rheswm, neu o leiaf nid dyna'r *unig*
reswm, pam y cymeradwyai sefydliadau democrataidd.
Fe ddylai fod iawnderau gwleidyddol gan ddynion,
neu o leiaf gan y rhai a all ffurfio barn annibynnol, am
fod hyn yn rhan o urddas dyn. Ni fydd dyn yn ddyn
cyflawn nes iddo gael rhan yn llywodraeth ei gym-
deithas. Nid yw bod dan lywodraeth rhywun arall
yn amgenach nag ystad plentyn neu gaethwas, a'r
hyn sydd o'i le wrth i oedolion fod yn y naill ystad
neu'r llall yw nid yn syml eu bod yn anhapus ynddi,
ond ei bod yn annheilwng ohonynt.

Yn y *Review* fe wynebodd Price hefyd y cwestiwn,
"Beth a wna dyn yn ddyn moesol dda?". Fe ymgor-
fforir ei ateb mewn dwy egwyddor. Yn gyntaf, fe
wna dyn moesol dda yr hyn y mae ef yn credu'n
ddiffuant sydd yn iawn; ac yn ail, fe wna'r hyn y
creda ei fod yn iawn oherwydd mai dyna'r peth iawn
i'w wneud. Ynglŷn â'r gyntaf, fe gredai Price fod
rhywun yn foesol ddi-fai os yr hyn a wnaeth oedd
yr hyn yr oedd yn ddidwyll wedi ei argyhoeddi y

Price's attack upon utilitarianism is crucial for understanding his defence of representative institutions and the principle of self-government. Why should men rule themselves? Is it because self-government is the form of government which maximizes human happiness? Price had no doubt that, generally speaking, men are better governed when they participate fully in the governing process. But this was not the reason, or at least it was not the *sole* reason, why he approved of democratic institutions. Men, or, at least, all those capable of independent judgement, should have political rights because it is part of human dignity that they should. No man is fully a man until he participates in the government of his society. To be governed by someone else is to be in the condition of a child or a slave, and what is wrong about either condition for adults is not simply that they are unhappy in it, but that it is unworthy of them.

In the *Review* Price also addressed himself to the question "What makes a man a morally good man?". His answer is embodied in two principles. First, a morally good man does what he sincerely believes to be right; and secondly, he does what he believes to be right because it is the right thing to do. As to the former of these, Price believed that a person was morally blameless if what he did was what he was sincerely convinced he ought to do, even though he

dylai ei wneud, hyd yn oed os oedd ei gred yn anghywir. Fe fynegodd Price ei safiad yn ofalus: nid oedd yn dal fod rhywbeth yn dod yn beth iawn i mi yn syml oherwydd imi goleddu'r gred ei fod yn iawn imi; i'r gwrthwyneb, fe lafuriodd i bwysleisio ei bod yn ddyletswydd arnom sicrhau y bydd ein dyfarniadau mor fanwl a gwybodus ag y gallwn eu gwneud. Y mae fy mod wedi fy argyhoeddi'n ddidwyll y dylwn wneud rhywbeth (y cyflwr sy'n foesol ddieuog) yn llwyr wahanol i ryw dybied y dylwn ei wneud. Er bod Price yn amddiffynnydd praff o'r farn mai i'w gydwybod ei hun y dylai rhywun roi ei deyrngarwch terfynol ym mhob dim a wna, y mae ef yn ymboeni'n arw i bwysleisio fod arnom hefyd ddyletswydd i fod yn dra gofalus wrth ymholi ac ystyried beth ydyw'n dyletswyddau.

Fe faentumiodd Immanuel Kant mai ewyllys da yw'r unig beth sy'n ddiamodol dda, ac mai ewyllys yn gweithredu er mwyn dyletswydd yw ewyllys da. Fe eglurodd ei bwynt drwy gymharu dau groser, a hwy ill dau'n onest. Yr oedd y naill yn onest am iddo gredu fod onestrwydd yn fuddiol i'w fusnes; a'r llall am iddo gredu fod arno ddyletswydd i fod yn onest. Yr olaf yn unig o'r ddau onestrwydd oedd, yn ôl Kant, yn amlygu gwir werth moesol, oherwydd er mwyn bod yn foesol dda y mae'n rhaid inni weithredu bob amser er mwyn dyletswydd. Fe ragflaenwyd Kant yn y safiad hwn gan Price: fe gredai yntau fod y dyn moesol dda yn un sy'n gweithredu o barch at uniondeb.

was mistaken in his belief. He stated his position with care: he did not hold that something becomes the right thing for me to do simply by my entertaining the belief that it is; on the contrary, he was at pains to emphasize that we have a duty to ensure that our judgements are as accurate and as well-informed as we can make them. Being sincerely convinced that I ought to do something (the condition that is morally guiltless) is something quite different from just happening to think that I ought to do it. Although Price was a stout defender of the view that a person owes ultimate allegiance to his own conscience in all he does, he takes great pains to stress that we also have a duty to take great care in thinking out what our duties are.

Immanuel Kant maintained that the only thing that is unconditionally good is a good will, and a good will is a will that acts for the sake of duty. He illustrated his point by comparing two grocers both of whom were honest. One was honest because he believed that honesty is good for business; the other was honest because he believed he had a duty to be so. Of the two kinds of honesty only the latter, Kant believed, manifested true moral worth, for to be morally good we must act always for the sake of duty. Price anticipated this position; he too believed that the morally good man is one who acts out of a regard for rectitude.

Ar hyd yr oesoedd y mae athronwyr wedi ymholi
a oes gan ddyn ewyllys rydd neu beidio, ac fe ymddengys
y broblem heddiw yr un mor anodd ac anhydrin ag
erioed. Fe goleddodd Price y farn, a'i hamddiffyn yn
braff yn erbyn ei gyfaill, y cemegydd enwog Joseph
Priestley, fod gan bob unigolyn rhesymol wir ddewis
rhwng da a drwg. Yn erbyn ei wrthwynebwyr, y
rheidiolwyr neu benderfyniedwyr, a ddadleuai fod y
cwbl a wna dyn byth wedi ei benderfynu'n *llwyr* gan
gydchwarae grymoedd ffisegol a seicolegol, fe faentum-
iai Price fod y thesis hon, os oedd yn wir, yn amddifadu
moesoldeb o'i holl arwyddocâd. Pe bai'n wir na
allasai neb erioed wneud yn amgen nag a wnaeth, pe
bai'n wir na allai neb byth wneud amgen nag a wna,
yna ofer yw tybied fod ganddo wir ddewis rhwng da
a drwg. Ymhellach, os gwall yw tybied fod dynion
yn gallu dewis rhwng da a drwg, yna mae'n anghy-
faddas rhoi clod neu fwrw bai ar neb. Ni haedda
dyn ei feio'n foesol ac yntau heb allu gwneud yn
amgen nag a wnaeth, ac fe fyddai cosbi dyn am wneud
yr hyn na allasai ei osgoi mor gamweddol ag y byddai'n
greulon. Yr hyn a ddadleuodd Price mewn effaith oedd,
pe bai penderfyniaeth yn wir y byddai'n well inni roi
heibio ieithwedd moesoldeb; pe bai penderfyniaeth
yn wir, ni fyddai cyfiawnhad inni arfer y syniadau
o glod a bai, o gosb ac euogrwydd, nac yn wir o iawn
a chamwedd moesol.

Fe fu George Streatfield, noddwr Price, farw yn
1757. Yn fuan wedyn fe briododd Price Sarah Blundell
o Belgrave yn Sir Gaerlŷr, ac fe ymgartrefodd y

Down the ages philosophers have disputed whether man enjoys free will or not, and today the problem seems as difficult and as intractable as ever. Price took the view, which he defended stoutly against his friend, the celebrated chemist Joseph Priestley, that every rational individual has a real choice between good and evil. Against his opponents, the necessarians or determinists, who argued that all that a man ever does is *uniquely* determined by the interplay of physical and psychological forces, Price maintained that this thesis, if true, robbed morality of all significance. If it were true that no man ever could have done other than what he did, if it were true that no man could do other than what in fact he does, then to suppose that he has a genuine choice between good and evil is an illusion. Further, if the supposition that men can choose between good and evil is illusory then the attribution of praise or blame is misplaced. A man is not morally blameworthy if he could not have done other than he did, and it would be as wrong as it would be cruel to punish a man for what he could not have avoided doing. What Price was in effect arguing was that if determinism were true we had better dispense with the language of morality; if determinism were true we would not be justified in using the notions of praise and blame, punishment, guilt and indeed of moral right and wrong.

George Streatfield, Price's patron, died in 1757. Shortly afterwards Price married Sarah Blundell from Belgrave in Leicestershire and they both settled down

ddau yn Newington Green lle daeth Price yn Weinidog
i'r Lle Cwrdd Presbyteraidd. Buont fyw ar y Green am
yn agos i ddeng mlynedd ar hugain—hyd at farwolaeth
Sarah yn 1786—ac er ei bod yn glaf byth a hefyd yr
oedd eu priodas yn ôl pob tebyg yn ddedwydd. Yn
ystod y blynyddoedd hyn fe barhaodd Price i ymddi-
ddori mewn mathemateg. Disgybl arall i John Eames
a oedd wedi dod i fri fel mathemategydd oedd Thomas
Bayes, Gweinidog Presbyteraidd yn Tunbridge Wells.
Bu Bayes farw yn 1761 ac fe ofynnodd ei berthnasau
i Price fwrw golwg dros ei bapurau. Fe wnaeth Price
hynny, a dod o hyd i ymdriniaeth â'r ddamcaniaeth
o debygolrwydd. Sylweddolodd bwysigrwydd y gwaith,
ac fe'i golygodd a'i gyflwyno i'r Gymdeithas Frenhinol.
Fe'i cyhoeddwyd ganddynt yn eu *Philosophical Trans-
actions* yn 1763. Fe barhaodd Price i weithio ar y
broblem hon, a chyflwyno papur arall ar gynnig
Bayes, a chael cyhoeddi hwn hefyd yn y *Philosophical
Transactions*. Fe wnaed Price yn Gymrodor o'r Gym-
deithas Frenhinol yn 1765, ac mae'n bur debyg mai
ei waith yn golygu Bayes a enillodd yr anrhydedd
hwn iddo. Fe gafodd fod ei fedr mathemategol yn
ddefnyddiol mewn meysydd eraill yn ogystal. Yn
chwe-degau'r ganrif fe flagurodd yn sydyn amlder
o gymdeithasau wedi eu sefydlu i ddarparu blwydd-
daliadau i weddwon a'r henoed. Yr oedd rhai o'r
rhain yn seiliedig ar gynlluniau mor wallus fel y
byddai'r rhai a fuddsoddai ynddynt yn wynebu colle-
dion trwm, yn ôl pob tebyg: fe addawent lawer mwy

at Newington Green where Price became Minister
at the Presbyterian Meeting Place. They lived on the
Green for nearly thirty years—until Sarah's death in
1786—and despite the fact that she was a chronic
invalid their marriage appears to have been a happy
one. During these years Price kept up his interest in
mathematics. Another student of John Eames who had
distinguished himself as a mathematician was Thomas
Bayes, a Presbyterian Minister at Tunbridge Wells.
Bayes died in 1761 and his relatives asked Price to
examine his papers. Price did so and came across an
essay in the theory of probability which he recognised
to be of considerable importance. He edited this work
and submitted it to the Royal Society who published
it in their *Philosophical Transactions* in 1763. Price
continued to work on this problem and submitted
a further paper on Bayes's essay which was also
published in the *Philosophical Transactions*. Price be-
came a Fellow of the Royal Society in 1765, and it is
very likely that his work in editing Bayes earned him
this distinction. His skill as a mathematician proved
useful in other fields. The 1760s saw a sudden bur-
geoning of societies founded to provide annuities for
widows and in old age. Some of these were based on
schemes that were so unsound that those who invested
in them were likely to be faced with heavy losses: they
promised more than they could ever hope to provide.
Price was asked to advise some of these groups, and
he quickly came to realise that unless their schemes

nag y gallent byth obeithio ei ddarparu. Fe ofynnwyd
i Price gynghori rhai o'r grwpiau hyn, ac fe sylwedd-
olodd yn fuan na ellid, heb ddiwygio eu cynlluniau,
osgoi colledion trwm a llawer o drueni. Gan hynny,
fe aeth ati i ddeffro'r cyhoedd i'r peryglon. Serch
hynny, nid oedd ei feirniadaeth nac yn llwyr elyniaethus
nac yn negyddol; fe geisiodd ddangos hefyd sut y
gellid ffurfio cynlluniau safadwy. Yr oedd rhai o'r
anawsterau a wynebid gan y cymdeithasau aswiriant
newydd yn codi oherwydd technegau cyfrifyddol
annigonol, a'u heffaith yn waeth fyth heb wybodaeth
ddigonol o'r rhagolygon am hyd einioes. Gan hynny, ni
allent yn ddigon cywir o bell ffordd amcangyfrif pa
gyfraniadau y dylent eu codi. Fe ymgymerodd Price
â llafur aruthrol i wella'r diffygion hyn: i gywiro'r
technegau cyfrifyddol a ddefnyddid, ac i gasglu gwy-
bodaeth fwy dibynadwy am ragolygon einioes. Yr
oedd yr anawsterau ymarferol yn enfawr, am mai
cymharol ychydig o ddata oedd ar gael am enedi-
gaethau, marwolaethau, a phriodasau. Yn Llundain
fe geid y Gweithredoedd Marwolaeth, ac yn y wlad
cofrestrau'r plwyfi. O gasglu hynny a allai o wybodaeth,
a galw ar ei gyfeillion i ymuno yn y gwaith, fe adeil-
adodd Price fesul tipyn gorff amhrisiadwy o wybodaeth
am ragolygon einioes. Trwy gydol ei yrfa fe barhaodd
i geisio data o bob parth—daeth llawer o'i ddeunydd
o'r cyfandir, ac yr oedd yn arbennig o falch o ennill
cymorth Pehr Wilhelm Wargentin, y demograffydd
Swedaidd enwog. Sylweddolodd Price yn fuan pa mor

Tyn-Ton, Llangeinor, Glamorgan. From Roland Thomas, *Richard Price*
(Oxford, 1924)

Tyn-Ton, Llangeinor, Morgannwg. O Roland Thomas, *Richard Price*
(Rhydychen, 1924)

The Meeting House at Newington Green. Reproduced from J. Lionel Tayler,
A Little Corner of London (Newington Green) (London, 1925)

Y Lle Cwrdd yn Newington Green. Atgynhyrchwyd o J. Lionel Tayler, *A Little
Corner of London (Newington Green)* (Llundain, 1925)

were reformed heavy losses and much misery would result. So he set out to awaken the public to the dangers. His criticisms were not, however, entirely hostile or negative; he also tried to show how sound schemes could be constructed. Some of the difficulties which the new assurance societies faced were due to inadequate actuarial techniques, and these were compounded by insufficient information on the expectation of life. Consequently they were unable to calculate with any reasonable degree of accuracy what premiums to charge. Price laboured prodigiously to remedy these deficiencies: both to improve the actuarial techniques employed and to collect more reliable information about the expectation of life. The practical difficulties were enormous because there was relatively little reliable data available concerning births, deaths and marriages. In London there were the Mortality Bills and in the country the parish registers. By collecting what information he could, and by recruiting the efforts of his friends Price gradually built up and continued to improve an invaluable body of information on the expectation of life. Throughout his career he sought data from all quarters—much of it came from the continent, and Price was particularly pleased to enlist the help of Pehr Wilhelm Wargentin, the famous Swedish demographer. Price was quick to realise how necessary to modern society is easily available information, even on such apparently unpromising topics as births and deaths. One of his suggestions, which

angenrheidiol i gymdeithas fodern yw cael gwybodaeth wrth law, hyd yn oed am faterion mor anaddawol, ar un olwg, â genedigaethau a marwolaethau. Un o'i awgrymiadau, na thalwyd sylw iddo ar y pryd, oedd y dylid cadw cofnodion o'r prif afiechydon, a chysylltu'r data a geid ohonynt â ffeithiau eraill. Yr oedd wedi dirnad gwerth cael cyfrifiad manwl gywir o'r boblogaeth, a gwerth cael gwybod yn ôl pa batrymau daearyddol y bydd clefydau'n digwydd.

Fe gyhoeddodd Price gynnyrch ei astudiaeth o yswiriant yn *Observations on Reversionary Payments*, gwaith y cafwyd sawl argraffiad ohono. Daeth y llyfr allan gyntaf yn 1771, a llwyddo ar ei union; yr oedd Price yn falch o weld fod rhai o'r cymdeithasau y gwelsai ddiffyg arnynt wedi penderfynu diwygio'u cynlluniau, a rhai eraill wedi penderfynu rhoi'r ffidil yn y to. Trwy weddill ei oes fe barhaodd i wella'r gwaith; daeth y pedwerydd argraffiad allan yn 1783 mewn dwy gyfrol, y clasur mwyaf mewn actiwareg (cyfrifyddeg) yn ôl yr hanesydd yswiriant, H. E. Raynes; a phan fu farw yr oedd Price yn gweithio ar y pumed argraffiad, a gwblhawyd wedyn gan ei nai, William Morgan.

Cafodd gwybodaeth Price am y maes hwn ei dyfnhau a'i ehangu gan y profiad ymarferol a gâi wrth fod yn gynghorwr cyfrifyddol i'r *Society for Equitable Assurances* (yr *Equitable Life Assurance Society*, erbyn

went unheeded at the time, was that accurate records should be kept of major illnesses and that the data which these yielded should be correlated with other facts. He appreciated the importance of an accurate census and of establishing the geographical incidence of disease.

The fruits of Price's work on insurance were published in *Observations on Reversionary Payments* which ran to several editions. The success of this book, which first appeared in 1771, was immediate; Price was pleased to find that some of the societies he had criticized had decided to reform their schemes and that others had decided to get out of business. For the rest of his life he continued to improve this work; the fourth edition, which H. E. Raynes, the historian of insurance, hails as the greatest classic of actuarial science, appeared in two volumes in 1783, and at the time of his death Price was working on a fifth edition which was eventually completed by his nephew, William Morgan.

Price's knowledge in this field was deepened and extended by the practical experience he gained in acting as a consultant on actuarial matters to the Society for Equitable Assurances (now the Equitable

heddiw). Yr oedd cyfarwyddyd Price i'r Gymdeithas yn llwythog o gynghorion i ymbwyllo ac i fod yn wyliadwrus. Y perygl oedd y byddai'r Gymdeithas, un ai gan addo taliadau rhy hael, neu gan godi cyfraniadau annigonol, neu gan fethu ymddiogelu rhag buddsoddwyr twyllodrus a bywydau meddygol fregus, neu eto gan rannu buddion yn rhy fuan, yn methu cwrdd â'r galwadau a wneid arni. Mae'n dystiolaeth gadarn i sadrwydd cynghorion Price fod yr *Equitable* wedi llwyddo i osgoi pob rhyw drychineb o'r fath, ac wedi dod yn brif arloeswr yn natblygiad yswiriant bywyd. Fe hyfforddodd Price ei nai William Morgan i fod yn actiwarydd, a chael y boddhad o weld ei benodi'n Actiwarydd Cynorthwyol i'r *Equitable* yn 1774, ac yn Actiwarydd yn 1775, swydd a ddaliodd gyda chlod mawr tan 1830.

Pennawd un o'r penodau yn *Observations on Reversionary Payments* oedd "Ynghylch Credyd Cyhoeddus a'r Ddyled Genedlaethol". Ynddi soniodd Price gydag arswyd am y twf ym maint dyled y cyhoedd, a rhybuddio, os nad eid ati i'w lleihau, fod perygl o fethdaliad cenedlaethol. Ei gyngor ef oedd y dylai'r Llywodraeth greu gweddill blynyddol o gyllid dros ben yr hyn a wariant, i'w ddefnyddio i brynu'r ddyled yn ôl. Ond gadael y broses heb ymyrryd â hi, fe fyddai'r fath gronfa'n chwyddo yn ôl adlog; ac fe allai'r genedl ddisgwyl gweld amser y byddai'n llwyr rydd o faich y ddyled. Er iddo addo dyfodol mor ddisglair, nid

Life Assurance Society). Price's advice to the Society
was heavily charged with counsels of prudence and
caution. The danger was that the Society either by
being too generous in the payments it promised to
make, or by not charging adequate premiums, or by
failing to guard against fraudulent investors and
medically unsound lives, or by distributing profits too
quickly, would bring itself into a position in which it
would be unable to meet the claims upon it. It says much
for the sobriety of Price's advice that the "Equitable"
steered clear of all such disasters and became the leading
pioneer in the development of life-insurance. Price
trained his nephew William Morgan to be an actuary
and had the satisfaction of seeing him appointed
Assistant Actuary to the "Equitable" in 1774 and
Actuary in 1775, an appointment which he held with
great distinction until 1830.

One of the chapters in *Observations on Reversionary
Payments* was entitled "Of Public Credit and the
National Debt". In it Price spoke with alarm of the
growing volume of public indebtedness, and warned
that unless steps were taken to reduce this there was a
danger of national bankruptcy. He advised that the
Government should create an annual surplus of
revenue over expenditure which should be used to
buy back the debt. The fund thus created would, if
the process were not interfered with, accumulate at
compound interest, and the nation could look forward
to a time when it would be completely relieved of the

oedd y polisi'n debyg o ennill cefnogaeth gan y gwleidyddion, oblegid bod gofyn am weddill blynyddol o incwm dros wariant yn golygu gofyn am drethiant amhoblogaidd o uchel. Fe addawodd Price ddyfodol disglair, pe gofynnid i'r genedl wynebu'r dasg o brynu ei dyledion yn ôl. Yn 1772 fe gyflwynodd y ddadl hon dros Gronfa Soddi mewn cyhoeddiad ar wahân yn dwyn y teitl, *An Appeal to the Public on the Subject of the National Debt.*

Fe enillodd ysgrifau Price ym maes yswiriant a chyllid cyhoeddus enw da iddo o bobtu Iwerydd am fedr actiwaraidd ac ariannol. Cyn hyn, yr oedd wedi bod yn enwog am ei weithiau ar athroniaeth moesau, diwinyddiaeth, a'r ddamcaniaeth o debygolrwydd—yn 1769 ceir James Boswell yn cyfeirio ato fel y "Mr. Price sy'n sgrifennu am foesau"—ond yn y saith-degau cynnar yr oedd iddo fri llawer ehangach, a fyddai'n tyfu'n fwy sylweddol byth wedi iddo ddechrau ymhel â phamffledwra gwleidyddol.

Yn 1771 cyfarfu Price â'r Iarll Shelburne, a dod yn un o gwmni y sonnir amdano weithiau fel carfan Bowood, y cylch o ddynion amlwg a gynghorai Shelburne ar wahanol faterion. Heblaw Price, fe gynhwysai'r garfan, ar adegau gwahanol, Joseph Priestley, llyfrgellydd Shelburne ar un adeg, Jeremy Bentham, Samuel Romilly, Isaac Barré, a John Dunning, Arglwydd Ashburton yn nes ymlaen. Ffurfiai'r dynion

burden of the debt. Although it promised such a brilliant future, the policy was not likely to win the support of the politicians, because it required an annual surplus of income over expenditure and this required an unpopularly high level of taxation. Price promised a bright future through the expedient of asking the nation to face up to the redemption of its debts. In 1772 Price presented this argument for a Sinking Fund in a separate publication entitled, *An Appeal to the Public on the Subject of the National Debt.*

Price's writings in the field of insurance and public finance brought him a reputation on both sides of the Atlantic for actuarial and financial expertise. Previously he had been known for his writings in moral philosophy, theology and probability theory—in 1769 James Boswell refers to him as the "Mr. Price who writes on morals"—but in the early seventies he had a much wider reputation, which was to grow even more substantially when he became involved in political pamphleteering.

In 1771 Price made the acquaintance of the Earl of Shelburne and entered into what is sometimes referred to as the Bowood group, the circle of eminent men who advised Shelburne in various capacities. In addition to Price, the group included, at different times, Joseph Priestley, at one time Shelburne's Librarian, Jeremy Bentham, Samuel Romilly, Isaac Barré and John Dunning, later Lord Ashburton. These men

hyn fath o seiat holi y gallai Shelburne ddibynnu
arni am wybodaeth a chyngor ynghlych materion
cyfreithiol, economaidd, a chyllidol. Yr oedd gwraig
gyntaf Shelburne wedi marw 1771, ac fe wnaed argraff
ddofn arno gan ysgrif Price (a gynhwyswyd yn *Four
Dissertations*) dan y pennawd "Am y rhesymau dros
ddisgwyl y caiff dynion rhinweddol gydgyfarfod ar
ôl marwolaeth mewn cyflwr o wynfyd". Gofynnodd
Shelburne i Mrs. Montagu, yr oedd Price yn mynychu
ei *salon* o bryd i'w gilydd, drefnu iddynt gwrdd, a
dyna gychwyn perthynas a aeddfedodd yn gyfeill-
garwch agos na ddaeth i ben tan farwolaeth Price.
Yr oedd Price yn ymwelydd mynych â Shelburne House
yn Llundain, ac â Bowood yn Wiltshire; ar gais Shel-
burne fe baratoai bapurau am gwestiynau gwleidyddol
ac ariannol, ond fe roddai gyngor ar faterion eraill
hefyd. Ef a drefnodd i Thomas Jervis ddod yn ddiwtor
i blant Shelburne, a chwarae rhan flaenllaw yn yr
ymdrafodaeth a ddenodd Priestley i ddod yn llyfr-
gellydd i Shelburne. Yr oedd Shelburne yntau'n
gymorth i Price mewn llawer modd: fe weithredodd
fel noddwr Price—iddo ef y cyflwynwyd y trydydd
a'r rhelyw o argraffiadau'r *Observations on Reversionary
Payments*—fe gasglodd, mewn swydd ac allan o swydd,
lawer o wybodaeth swyddogol am bynciau ariannol,
a chefnogi Price yn gadarn mewn rhai o'r mudiadau
diwygiol yr oedd wedi ymroi iddynt.

   Un o'r rhain oedd y mudiad er ennill cydnabyddiaeth
gyfreithiol lawn o'r hawl i ryddid addoli. Yr wyf wedi

formed a kind of brains trust upon whom Shelburne could rely for information and advice on legal, economic and financial matters. Shelburne, whose first wife died in 1771, was much impressed by an essay written by Price (and included in *Four Dissertations*) entitled "On the Reasons for expecting that virtuous Men shall meet after Death in a State of Happiness". Shelburne asked Mrs. Montagu, whose salon Price occasionally attended, to arrange an interview, and thus began a relationship which matured into a close friendship ending only with Price's death. Price was a frequent visitor at Shelburne House in London, and at Bowood in Wiltshire; at Shelburne's request he prepared papers on political and financial questions but he also advised on other matters. He arranged for Thomas Jervis to become tutor to Shelburne's children, and he played a leading part in the negotiations by which Priestley was induced to become Shelburne's Librarian. Shelburne for his part was helpful to Price in many ways: he acted as Price's patron—the third and subsequent editions of *Observations on Reversionary Payments* were dedicated to him—he obtained a great deal of official information on financial matters both when he was in and when he was out of office, and he gave Price strong support in some of the reforming movements in which he was engaged.

One of these was the movement to obtain full legal recognition of the right to freedom of worship. I have

nodi eisoes fod Price yn Ymneilltuwr, a'i fod fel
y cyfryw o dan amryw o gyfyngiadau. O dan y Deddfau
Prawf a'r Deddfau Corfforaeth ni châi neb ddal
swydd dan y Goron na than Gorfforaeth Fwrdeisiol
oni bai iddo dderbyn y sacrament yn ôl defodau
Eglwys Loegr. Er na châi'r deddfau eu defnyddio ond
yn awr ac yn y man, a chael eu hosgoi yn eu crynswth
bron mewn rhai ardaloedd—llwyddodd John Howard,
er enghraifft, i ddod yn Siryf swydd Bedford—er
hynny yn ôl y gyfraith fe waherddid yr Ymneilltuwyr
rhag ymgymryd â chryn nifer o swyddi (er nid yn y
Senedd, serch hynny), a'u gwneud i bob pwrpas yn
ddinasyddion eilradd. Yr oedd ystad y Gweinidogion
ac Athrawon Ymneilltuol hynny na chydsynient â'r
Deugain Erthygl namyn Un yn fwy bregus fyth. Yr
oedd Deddf Goddefiad 1689, a roddai ymgeledd
amodol i rai sectau heblaw'r Anglicaniaid, yn diogelu
Trindodwyr yn unig, sef y rhai a dderbyniai'r athraw-
iaeth uniongred am naturiaeth Dri-yn-un y Duwdod.
Yn ffurfiol, yr oedd y rhai anuniongred yn agored i'w
cosbi'n llym. Yn ôl gofynion Deddf Cabledd 1697,
oes oedd rhywun a addysgwyd yn y grefydd Gristnogol:

"mewn ysgrifen, print, athrawiaeth, neu leferydd
ystyriol yn gwadu am unrhyw un o bersonau'r Drindod
Lân nad Duw mohono, neu'n haeru neu faentumio fod
rhagor nag un Duw, neu'n gwadu nad gwir mo'r
grefydd Gristnogol, neu'n gwadu nad o ddwyfol
awdurdod y mae Ysgrythurau Sanctaidd yr Hen

already noted that Price was a Dissenter and that as such was subject to certain restrictions. Under the Test and Corporation Acts no one could hold an office under the Crown or under a Municipal Corporation unless he took the sacrament according to the rites of the Church of England. Although it is true that in practice the laws were somewhat haphazardly applied, and that in some districts there were substantial evasions—John Howard, for example, succeeded in becoming Sheriff of Bedfordshire—nonetheless in law the Dissenters were excluded from a wide range of offices (though not from Parliament) and effectively reduced to the rank of second-class citizens. The position of those Dissenting Ministers and Teachers who did not subscribe to the Thirty-Nine Articles was even more precarious. The Toleration Act of 1689, which gave a qualified legal protection to some sects other than the Anglicans, only gave that protection to those who were Trinitarian, that is, those who accepted the orthodox doctrine of the triune nature of the Godhead. Those who were unorthodox were formally liable to severe penalties. By the Blasphemy Act of 1697 it was provided that if any person educated in the Christian religion:

" . . . shall by writing, printing, teaching or advised speaking deny one of the persons of the Holy Trinity to be God, or shall assert or maintain that there are more Gods than one, or shall deny the Christian religion to be true, or shall deny the Holy Scriptures of the Old and New Testament to be of divine authority,

Destament a'r Newydd, ac yn cael ei brofi'n euog o
hynny, am y tramgwydd cyntaf fe'i dyfernir yn anabl
i ddal unrhyw swydd a gorchwyl cyhoeddus, ac am
yr ail fe gyll ei iawnderau dinesig, ac fe'i carcherir am
dair blynedd."

Yn ystod y ddeunawfed ganrif bu cynnydd nodedig
yn nifer y rhai a beidiodd â chredu yn athrawiaethau'r
Eglwys Wladol. Fe geid yr Ariaid, megis Price, y
rhai, er iddynt faentumio fod Crist yn Ddwyfol ac
wedi ei ddanfon gan Dduw i achub dynion rhag
pechod, na ddalient ei fod yn Ddwyfol yn yr un modd
ag y mae Duw'n Ddwyfol na'i fod yn un y dylid ei
addoli; a'r Sociniaid, megis Priestley, y rhai, er iddynt
gredu ddarfod anfon Crist i achub dynion, a ddaliai
ei fod yn gwneud hynny'n gyfan gwbl drwy orchymyn
ac esiampl. Fe bregethai'r Sociniaid ddynoliaeth syml
Crist, athrawiaeth oedd yn ysgymun-beth·gan y rhai
a fagwyd yn nhraddodiadau'r Eglwys Anglicanaidd.
Felly yr oedd gan yr Ymneilltuwyr, ac yn enwedig gan
yr annhrindodwyr yn eu plith, ddigon o reswm dros
geisio cydnabyddiaeth gyfreithiol gyflawn o hawl pob
dyn i addoli Duw yn y ffordd y gwêl ef orau, er mwyn
symud y perygl o erledigaeth a'u bygythiai.

Yn 1772 fe benderfynodd y Corff Cyffredinol o
Weinidogion Ymneilltuol yn Llundain a Westminster
geisio gan y Senedd ryddhad rhag gorfod cydsynied
â'r Deugain Erthygl Namyn Un, ac yr oedd Price yn

and is convicted, he shall for the first offence be ad-
judged incapable to hold any public office and employ-
ment, and on the second shall lose his civil rights
and be imprisoned for three years."

During the eighteenth century the number of those
who ceased to believe in the orthodox doctrines of the
Established Church grew considerably. There were the
Arians, such as Price, who although they maintained
that Christ was Divine and sent by God to redeem
men from sin, did not hold that he was Divine in
the same way as God is Divine or that he ought to
be worshipped, and there were the Socinians, like
Priestley, who although they believed that Christ was
sent to save man, held that he did so wholly by precept
and example. The Socinians preached the simple
humanity of Christ, a doctrine that was anathema to
those brought up in the traditions of the Anglican
Church. The Dissenters therefore, particularly the
non-Trinitarians among them, had ample reason to
seek full legal recognition of every man's right to
worship God in the way in which he thinks fit, and
so remove the threat of prosecution that hung over
them.

In 1772 the General Body of Dissenting Ministers in
London and Westminster decided to apply to Parlia-
ment for relief from subscription to the Thirty Nine
Articles, and Price was among those elected to the

un o'r rhai a etholwyd i'r pwyllgor i ddwyn y cais
trwodd. Fe aeth at Shelburne, ac ateb hwnnw oedd ei
gyflwyno i Chatham, a ddatganodd ei fod yntau o
blaid y Mesur. Ar y dechrau aeth pethau'n dda, a
chodwyd calonnau'r Ymneilltuwyr pan enillwyd ail
ddarlleniad i'r Mesur yn Nhŷ'r Cyffredin o 70 pleidlais
i 7. Yr oeddent yn disgwyl yn hyderus am y ddadl yn
Nhŷ'r Arglwyddi, ac fe gyfansoddodd Price wrthdystiad
o blaid yr Ymneilltuwyr, a gyflwynwyd gan Shelburne
i Chatham. Nid oedd Chatham, serch hynny, yn fodlon
rhoi gwrthdystiad gerbron yr Arglwyddi, ond fe aeth
i'r ddadl ac areithio'n gofiadwy o blaid yr Ymneill-
tuwyr. Yn anffodus, ni chafodd y Mesur mo'i basio
yn y Tŷ Uchaf, a siomwyd gobeithion gloyw'r Ym-
neilltuwyr am ddiwygiad. Gwnaethant ail gynnig y
flwyddyn ganlynol, a chael llorio eu gobeithion eilwaith
gan yr esgobion yn Nhŷ'r Arglwyddi. Yr oedd yn
rhaid iddynt gydnabod dros dro eu bod wedi eu
trechu, ond nid oedd eu hymgais am ddiwygiad wedi
methu'n hollol; yr oeddent wedi llwyddo i dynnu
llawer o sylw cyhoeddus at eu hachos, ac wrth wneud
hynny wedi rhoi min elgurach ar eu syniadau eu hunain,
a chyfrannu'n dra sylweddol at athroniaeth rhydd-
frydiaeth.

Sylfaen dadleuon Price wrth amddiffyn rhyddid
crefydd oedd y dylid datgysylltu'r Eglwys a'r Wlad-
wriaeth yn llwyr oddi wrth ei gilydd. Ei gred ef oedd
nad oes gan y Wladwriaeth nac awdurdod na chym-
hwyster ynghylch crefydd, ond i'r perwyl o gadw'r

Committee for conducting the application. Price approached Shelburne who responded by introducing him to Chatham who declared his support for the Bill. At first things went well and the Dissenters were elated when the Bill secured a second reading in the Commons by 70 votes to 7. They looked forward to the debate in the Lords and Price composed a protest on behalf of the Dissenters which Shelburne submitted to Chatham. Chatham, however, was unwilling to enter a protest in the Lords, but he did attend the debate and made a memorable speech in favour of the Dissenters. Unfortunately, the Bill did not pass the Upper House and all the bright hopes the Dissenters had entertained of reform were frustrated. They tried again the following year but again their hopes were crushed by the Bishops in the Lords. For the time being they had to acknowledge defeat but their attempt to secure reform had not been a total failure; they had succeeded in drawing a great deal of public attention to their cause and in doing so they had clarified their own ideas and made an invaluable contribution to the philosophy of liberalism.

The foundation of Price's defence of religious liberty was the complete dissociation of Church and State. What Price held was that the State has neither authority nor competence in religious matters, save to keep the peace and prevent the different denominations interfering

heddwch ac atal y gwahanol enwadau rhag ymyrryd
â'i gilydd. Ni ddylai'r Wladwriaeth benodi beth y mae
pobl i'w gredu neu ba ddefodau y maent i'w harfer;
ni ddylai na difreinio'r naill sect na breinio'r llall.
Yr oedd yn dilyn nad cyfiawn o gwbl mo'r gefnogaeth
a roddid i'r Eglwys Anglicanaidd drwy'r Deddfau
Prawf a Chorfforaeth, ac i uniongrededd Drindodol
drwy'r Ddeddf o Oddefiad. Fe ddarfu i un o wrthwyneb-
wyr Price, William Markham, Archesgob Caerefrog,
ddadlau y dylai'r Wladwriaeth gefnogi "gwirioneddau'r
Efengyl". Yr oedd ateb Price yn ddauddyblyg. Yn
gyntaf, nad oedd ar Gristnogaeth *angen* y math o
gefnogaeth ag y tybiai'r Archesgob y dylai'r Wlad-
wriaeth ei rhoi iddi. Os y gwir oedd y genadwri
Gristnogol (ac fe gredai Price yn angerddol mai e),
yr oedd hi'n ddigon cadarn i allu hepgor nawdd y
Wladwriaeth. Yn ail, na lwyddai'r holl ymdrechion
i gynnal crefydd drwy ddulliau gwleidyddol, hyd yn
oed y rhai daionus eu cymhellion, i wneud mwy'n
ddigon aml na gwyrdroi gwir gwrs crefydd. Nid oes
gan na dyn na charfan o ddynion, yn meddu ar
awdurdod wleidyddol neu beidio, ddim meddiant ar
y gwir ynghylch crefydd; y rhai sy'n honni eu bod
yn meddu arno, ac yn tybied ei bod yn gyfiawn iddynt
orfodi eraill i gydfynd â'u credoau, ni lwyddant—tyst
o hanes erledigaeth—ond i wthio ar eraill gyfeiliornad
ac ofergoel. Ymhellach, wrth glymu breintiau gwleid-
yddol, fel mynediad i swyddi, wrth broffes o union-
grededd, ni lwyddir ond i greu rhagrithwyr. Ni rwyma
profion crefyddol, meddai Price yn graff, ond dynion
didwyll.

with one another. The State ought not to pre-
scribe what people are to believe or what practices
they are to observe; it should not penalize one sect or
give privileges to another. It followed, therefore, that
the support given to the Anglican Church by the Test
and Corporation Acts and to Trinitarian orthodoxy
by the Toleration Act was completely unjustified.
One of Price's opponents, William Markham, Arch-
bishop of York, argued that the State should give
support to "Gospel Truths". Price's reply was twofold.
First, that Christianity did not *need* the kind of support
that the Archbishop thought the State should give it.
If the Christian message was the truth (and Price
believed passionately that it was) it was strong enough
not to need the State. Secondly, attempts, even
well-intentioned ones, to support religion by political
means often enough succeed only in perverting the
true course of religion. No man, no set of men, whether
possessed of political authority or not, is possessed of
the truth in religious matters; those who pretend that
they have and think that they are justified in imposing
their beliefs succeed—the history of persecution shows
us—only in imposing error and superstition. Further-
more, attaching political privileges, such as access to
office, to the profession of orthodoxy succeeds only in
making hypocrites. Religious tests, Price observed, bind
only honest men.

Yn ôl Price, y wladwriaeth ddelfrydol oedd un lle byddai pob dyn yn rhydd i addoli Duw (neu i beidio â'i addoli os byddai'n anfyddiwr neu'n agnostig) fel y gwelai ef yn fwyaf cymwys. Fe sylweddolodd fod hyn yn golygu y dylai fod rhyddid cyfartal i bawb, boed Brotestant, Catholig, neu Fahometan, a dweud yn blaen ei fod ef yn ategu'r canlyniad hwn. Yr oedd ar rai o'r Ymneilltuwyr chwant dileu'r sefydliad crefyddol oedd ohoni yn union er mwyn rhoi eu sefydliad hwy eu hunain yn ei le, ond barn Price oedd y dylai ddiflannu heb olynydd. Yn y bôn, fe seiliwyd ei safiad ar amheuaeth ddofn ynghylch dogmâu a chredoau ac athrawiaethau crefyddol: eu bod mor aml yn mentro ymhell tu hwnt i'r hyn y gallai dynion yn gyfreithlon hawlio iddynt wybod ei fod yn wir, fel nad oedd yn gyfiawn iddynt eu gwthio ar eraill. Ac eto, er nad yw'r gwir am y materion hyn yn gyflawn hysbys, nid yw'n canlyn ein bod wedi'n collfarnu i fyw ar gyfeiliorn am byth. Fe gredai Price y gellid gwella ar ein cyflwr, ac mai dyletswydd pob dyn oedd cyfrannu'r hyn a allai. O fod yn briodol effro i'n ffaeledigrwydd ein hunain, deuem i ymdrin yn dosturiol a chariadlon â'r rhai na chydsynient â ni, ac i gydweithio â'n gilydd wrth ymorol am y gwir. Fe ddylem ymagweddu, gan hynny, nid fel croesgadwyr hunan-gyfiawn, ond fel rhai gostyngedig gyda'n gilydd yng ngŵydd yr anhysbys.

Fe gafodd siomedigaethau'r Ymneilltuwyr wrth geisio yn y saithdegau gydnabyddiaeth gyfreithiol gyflawn o ryddid crefydd un canlyniad gwleidyddol

According to Price the ideal state was one in which every man would be free to worship God (or not to worship him if he were an atheist or an agnostic) in the way he thought most fitting. He realised that this meant that there should be equal freedom for all, whether Protestant, Catholic or Mahometan, and he explicitly endorsed this consequence. Some of the Dissenters wished to destroy the existing religious establishment only to replace it with one of their own, but Price's view was that it should disappear to be replaced by none. Ultimately his position depended upon a profound scepticism concerning religious doctrines, creeds and dogmas which so often went far beyond what men could legitimately claim to know to be true, and which, therefore, they were not justified in imposing upon others. But although the truth in these matters is not completely known, it does not follow that we are forever condemned to live in error. Price thought that progress could be made and that it was every man's duty to make what contribution he could. A proper sense of our own fallibility would lead us to treat with compassion and charity those who hold differing opinions, and help us to co-operate in the pursuit of truth. We should therefore, adopt a stance not of crusading self-righteousness but of shared humility in the face of the unknown.

The frustrations which the Dissenters experienced in their quest for full legal recognition of religious liberty in the early 1770s had one important political

pwysig: dechreuasant gredu na châi eu hachos mo'i
drafod yn gyfiawn hyd oni ddeuai i awdurdod arwein-
wyr mwy pleidiol i'w hawliau, ac na cheid hynny hyd
oni ddiwygid y Senedd ei hun. Ond pan sgrifennodd
Price am y tro cyntaf ynghylch diwygio'r Senedd,
problem daer arall oedd yn mynd â'i fryd, sef amddi-
ffyn gwladychwyr America. Ers yn hir cyn dechrau'r
Rhyfel Annibyniaeth yr oedd Price wedi dod i adnabod
sawl Americanwr. Yr enwocaf o'r rhain oedd Benjamin
Franklin, y cyfarfu Price ag ef gyntaf yn ystod ei
arhosiad yn Lloegr o Orffennaf 1757 hyd Awst 1763.
Yr oeddent ill dau'n aelodau o grwp bychan a ddeuai
ynghyd yn fynych i drafod pynciau'r dydd, ac yn y
trafodaethau hyn fe fyddai Price wedi clywed am y
ffyrdd y tramgwyddid y gwladychwyr gan y Weinyddi-
aeth Brydeinig. Fe gyfarfu Price ag amryw o'r rhai
a gynrychiolai'r trefedigaethau yn Llundain, ac yn eu
plith Arthur Lee, cynrychiolydd Massachusetts; Henry
Marchant, Twrnai Cyffredinol dros Rhode Island;
a Josiah Quincy, yr ieuengaf, a ymwelodd â Phrydain
yng ngaeaf 1774–5. Yr oedd gan Price amryw o
ohebwyr hefyd yn y trefedigaethau: bu'n gohebu â
Charles Chauncy, Gweinidog yr Eglwys Gyntaf yn
Boston; Ezra Stiles, Gweinidog yr Ail Eglwys Gynull-
eidfaol yn Newport, Rhode Island; a John Winthrop,
Athro Hollis mewn Mathemateg ac Athroniaeth
Naturiol yn Harvard. Yn eu llythyron fe drafodent
amrywiaeth o bynciau, ond yr oedd y prif ddiddor-
debau'n wleidyddol, yn ymhel yn enwedig â chyd-
berthynas y trefedigaethau â'r Famwlad. Yr oedd

consequence: they began to believe that their cause would not be justly dealt with until leaders more sympathetic to their claims came to power and that this would not happen until Parliament itself was reformed. But when Price first wrote about parliamentary reform he was engaged in another pressing problem: the defence of the American colonists. Long before the outbreak of the War of Independence, Price had come to know several Americans. The most famous of these was Benjamin Franklin whom Price first met during Franklin's stay in England from July 1757 until August 1763. They were both members of a small group which met frequently to discuss topics of the day and in these discussions Price would have learnt of the ways in which the colonists were aggrieved by the British Administration. Price met several of those who represented the colonies in London, including Arthur Lee, the agent for Massachusetts; Henry Marchant, Attorney General for Rhode Island; and Josiah Quincy, Jr., who visited Britain in the winter of 1774-5. Price also had several correspondents in the colonies: he exchanged letters with Charles Chauncy, Minister of the First Church at Boston; Ezra Stiles, Minister of the Second Congregational Church at Newport, Rhode Island; and John Winthrop, Hollis Professor of Mathematics and Natural Philosophy at Harvard. Their correspondence ranged over a variety of topics, but the dominant interests were political, in particular, the relations between the

tyndra wedi tyfu rhyngddynt am fod y Weinyddiaeth
Brydeinig wedi mynnu chwarae mwy o ran yn
llywodraeth y trefedigaethau nag a dderbyniai llawer o'r
gwladychwyr. Ar y tir mai yn y Brenin ynghyd â'i
Senedd y corfforid sofraniaeth yr Ymerodraeth, fe
ddaliai'r Weinyddiaeth Ymherodrol fod yr hawl ganddi
hi, mewn egwyddor, i ddeddfu ar bob mater yn
ymwneud â lles yr Ymerodraeth. Fe ddaliai'r gwrth-
wynebwyr yn y trefedigaethau fod hen ddefod ac
arfer gwlad yn rhoi'r hawl i'r gwladychwyr i reoli eu
busnes eu hunain ac yn enwedig i godi trethi yn y
trefedigaethau. Hwn oedd y pwnc mwyaf byw, fel y
gwelir oddi wrth ganlyniadau'r Ddeddf Stampiau,
y ceisiodd y Weinyddiaeth Brydeinig drwyddi godi
incwm o'r trefedigaethau. Yr oedd holl gydymdeimlad
Price o blaid y rhai a wrthsafai hawliau'r Weinyddiaeth
Ymerodrol. Yn ei bamffledyn *Observations on the
Nature of Civil Liberty, the Principles of Government,
and the Justice and Policy of the War with America*,
a gyhoeddwyd gyntaf yn Chwefror 1776, fe amddiffyn-
nodd y gwrthwynebwyr â dadl sy'n berthnasol mewn
maes llawer ehangach na'r cyswllt a oedd mewn
golwg ganddo ef wrth ei defnyddio. Yr oedd Price yn
dal yn gwbl syml fod yr hawl i'w rheoli ei hun gan bob
cymundod, gan bob cenedl. Yn yr ugeinfed ganrif,
y mae derbyn yr hawl hon mor gyffredin fel y bydd
llawer yn ei gweld yn wirionedd digwestiwn. Ond nid
dyna'r olwg a fu arni erioed. Y ffaith yw, fod pawb sy
wedi dadlau dros ryw ffurf ar imperialaeth wedi gwadu

colonies and the Mother Country. Tension between them had grown because the British Administration had insisted on playing a larger part in the government of the colonies than many of the colonists would accept. On the ground that the sovereignty of the Empire was embodied in the King-in-Parliament, the Imperial Administration maintained that it had the right, in principle, to legislate on all matters concerning the welfare of the Empire. The dissentients in the colonies maintained that long-established usage and custom gave to the colonies the right to manage their own affairs, and, in particular, the right to levy taxes in the colonies. The latter was the most sensitive issue as can be seen from the consequence of the Stamp Act, whereby the British Administration attempted to raise a revenue in the colonies. Price's sympathies were all on the side of those who resisted the claims of the Imperial Administration. In his pamphlet *Observations on the Nature of Civil Liberty, the Principles of Government, and the Justice and Policy of the War with America* which was first published in February 1776, he defended the dissentients with an argument which has a much wider application than the context to which he addressed it. Price held quite simply that every community, every nation, has the right to govern itself. In the twentieth century this claim is so widely accepted as to appear to many to be unquestionably true. But it has not always appeared so. In fact all those who have argued for some form of imperialism have denied

nad gwir mohoni, wrth haeru fod yr hawl i reoli
eraill gan rai pobloedd, am eu bod un ai'n fwy nerthol,
neu'n fwy llwyddiannus, neu'n fwy gwareiddiedig,
neu ynteu'n ddoethach.

Fe dadogir y gosodiad fod yr hawl gan bob cymundod
i'w llywodraethu ei hun gan Price ar osodiad mwy
sylfaenol byth, sef fod yr hawl gan bobl pob cymundod
i benderfynu drostynt eu hunain sut a chan bwy y
cânt eu llywodraethu. Y mae awtonomi cenhedloedd,
yn ôl Price, yn tarddu o'r egwyddor fod yr hawl gan
ddynion gyda'i gilydd i benodi eu ffurfiau eu hun
ar lywodraeth.

Fel y nododd Walter Ullman, fe all hanesydd y
meddwl politicaidd yng ngwareiddiad y Gorllewin
dynnu sylw at ddau draddodiad cyferbyniol ynglŷn â
tharddle awdurdod wleidyddol. Ceir y thesis ddisgynnol,
yn maentumio mai oddi uchod y deillia awdurdod,
a bod y rhai mewn gallu yn rheoli gyda Hawl Ddwyfol;
a'r thesis esgynnol, yn maentumio fod awdurdod yn
deillio oddi wrth y rhai a lywodraethir. (Fe geir, wrth
gwrs, heblaw'r rhain, gyfuniadau cywrain a chyfrwys
o'r ddwy thesis: fe ddaliai Acwin, er enghraifft, fod
Duw, er iddo arfaethu i ddynion gael eu llywodraethu,
wedi gadael i ddynion benderfynu drostynt eu hunain
ym mha ddull a chan bwy y caent eu llywodraethu.)

Yn yr ail ganrif ar bymtheg yr oedd athronwyr a
fynnai wrthwynebu'r ddamcaniaeth o Hawl Ddwyfol
wedi dadlau mai cyfamod sy wrth wraidd cymdeithas

its truth in claiming that some peoples have the right to govern others either because they are more powerful, or more successful, or more civilized or because they have greater wisdom.

That every community has the right to govern itself is derived by Price from an even more fundamental proposition, namely, that the people of every community have the right to decide for themselves how and by whom they shall be governed. National autonomy, according to Price, derives from the principle that men collectively have the right to decide their own forms of government.

The historian of political thought in Western civilization, as Walter Ullman has noted, can point to two contrasting traditions concerning the origin of political authority. There is the descending thesis which maintains that the origin of authority is supernatural, that those in power rule by Divine Right; and there is the ascending thesis which maintains that authority derives from the governed. (There are of course, in addition, ingenious and subtle combinations of both theses: Aquinas, for example, held that although it is God's intention that men should be governed, He left men to decide for themselves by what forms and by whom they should be governed.)

In the seventeenth century, philosophers who wished to combat the theory of Divine Right argued that political society is contractual in origin. John Locke,

wleidyddol. Maentumiodd John Locke, er enghraifft,
fod llywodraeth yn dyfod i fodolaeth pan ddeuai
dynion ynghyd a chytuno â'i gilydd i ymostwng i
drefn cyfraith. Yna fe benderfynent ai gan un dyn ai
gan lawer y mynnent gael eu llywodraethu, ac a fynnent
gadw gallu ac awdurdod yn nwylo pawb gyda'i gilydd,
neu ynteu a ddylent geisio, a dyma'r dewis a argym-
hellid gan Locke, ddull o lywodraeth a gyfunai elfennau
monarchaidd, aristocrataidd, a democrataidd. Yn ôl
Locke, wedi i'r bobl benderfynu hyn fe roddent
orchwylion ymarferol awdurdod a gallu yng ngofal eu
llywodraethwyr, gan roi ar ddeall yr ufuddhaent i
ddeddfau'r llywodraeth honno tra byddai'r rhai a
gawsai awdurdod a gallu ganddynt yn eu harfer o
fewn y telerau ac yn ôl yr amodau a benodwyd gan
y bobl. Os methai'r llywodraethwyr gadw at hyn, yna
ni rwymid y bobl mwyach i'w cefnogi, ac fe fyddent
yn rhydd unwaith eto i gymryd yn ôl yr awdurdod yr
oeddent wedi ei dirprwyo, a'i hymddiried i rywun
arall (neu i rywrai eraill).

Yn y rhagair i'r pumed argraffiad o'i bamffledyn fe
honnodd Price fod ei egwyddorion gwleidyddol ef
"yn un â'r rhai a ddysgwyd gan Mr. Locke, a'r holl
ysgrifenwyr am ryddid dinesig a gafodd hyd yn hyn
eu hedmygu mwyaf yn y wlad hon". Ond mewn
gwirionedd fe ddatblyga feddwl Locke mewn ffyrdd
diddorol a phwysig. Y mae rhai o'r rhain yn perthyn
i'r amddiffyniad o sefydliadau cynrychioladol y byddaf

for example, maintained that government came into being when men came together and agreed among themselves to submit to the rule of law. They then decided whether they wished to be ruled by one man, by a few men, whether they wished to retain power and authority in the collectivity or whether they should seek, what Locke himself recommended, a form of government which combined monarchical, aristocratic and democratic elements. According to Locke, when the people had made this decision they then entrusted the exercise of authority and power to their governors on the understanding that they would obey the laws of that government provided always that those to whom they had entrusted authority and power exercised them within the terms and on the conditions that the people had determined. If the governors violated their trust, then the obligation to support them would be at an end, and the people would be free once more to re-assume the authority they had delegated and entrust it to someone else (or to some others).

In the preface to the fifth edition of his pamphlet, Price claimed that his own political principles "are the same with those taught by Mr. Locke, and all writers on civil liberty who have been hitherto most admired in this country". But in fact he develops Locke's thought in interesting and important ways. Some of these concern the defence of representative institutions which I shall discuss later, but for the

yn ei drafod yn nes ymlaen, ond ar hyn o bryd mi
hoffwn ganoli sylw ar yr elfen honno o'r ddamcaniaeth
gyfamodol oedd yn allweddol ar gyfer penderfynu
cydberthynas y Famwlad â'r trefedigaethau. Os yw
cymdeithas wleidyddol yn gyfamodol ei gwraidd, fe
ganlyn fod yr hawl gan gymundod i benodi sut a chan
bwy y mae i'w llywodraethu. Felly mae pob ffurf ar
imperialaeth allan o drefn. Gellid tybio, gan hynny,
fod Price, wrth bwysleisio fod egwyddor ymreolaeth
mor ddwfn ymhlyg yn y ddamcaniaeth o gyfamod
cymdeithasol, am dynnu'r casgliad ymarferol y dylid
ar unwaith gydnabod annibyniaeth yr Americanwyr.
Ond nid felly. Ni fynnai Price weld Ymerodraeth
Brydeinig ei gyfnod yn ymddatod yn nifer o unedau
gwleidyddol annibynnol ar wahân, oblegid yn ei farn
ef fe esgorai'r fath ymddatodiad ar ganlyniadau
difrifol ac anffodus. I'r gwrthwyneb, yr oedd yn
gobeithio y gellid dod o hyd i delerau a gadwai'r
trefedigaethau yn yr Ymerodraeth heb fod yn anghyson
â'u hawl i'w rheoli eu hunain. Yn niweddglo'i bam-
ffledyn fe ategodd Price y polisi yr oedd Shelburne wedi
ei argymell yn ystod y ddadl am y Mesur Gwarafun
(America) yn Nhŷ'r Arglwyddi, sef y dylai'r gwlady-
chwyr gadw cyfrifoldeb llawn dros ddeddfwriaeth
fewnol, gan gynnwys trethiant cyllidol, tra byddai'r
Weinyddiaeth Ymerodrol yn gyfrifol dros y materion
yr oedd a wnelai'r holl Ymerodraeth â hwy'n
gyffredin, ac yn enwedig dros reoliad masnach. Yr
oedd Price yn gobeithio y derbyniai'r gwladychwyr

moment I wish to dwell on that element in contractual theory that was crucial for determining the relations between the Mother Country and the colonies. If political society is contractual in origin, it follows that a community has the right to decide how and by whom it shall be governed. All forms of imperialism are immediately ruled out of order. It might thus seem that in emphasizing that the principle of self-government is embedded in the theory of the social contract, Price was drawing the practical implication that the independence of the Americans should be acknowledged immediately. But this was not in fact so. Price did not want to see the British Empire of his day break up into a number of separate, independent, political units, for he thought that such a disintegration would have serious and unfortunate consequences. On the contrary, he hoped that a basis could be found for retaining the colonies within the Empire that was consistent with their right to govern themselves. In the conclusion of his pamphlet Price endorsed the policy which Shelburne had advocated in the course of the debate on the American Prohibitory Bill in the Lords, namely, that the colonists should retain full responsibility for internal legislation, including taxation for revenue purposes, while the Imperial Administration should be responsible for those matters which were the common concern of the whole Empire, particularly the regulation of trade. Price hoped that the colonists would willingly accept such a formula for the distribution of responsibilities, but he also insisted that the scheme should

o'u bodd gynllun fel yna ar gyfer dosrannu cyfrifol-
debau, ond fe daerodd hefyd na ddylid rhoi'r cynllun
mewn grym ond gyda chydsyniaeth lwyr a pharod
y gwladychwyr eu hunain. Os nad derbyniol ganddynt
fyddai'r fath ddull o gymrodeddu, os nad cymwys
dim trefniant ond un lle caent reoli eu hynt a'u helynt
eu hunain yn llwyr annibynnol, yna ni fyddai dewis
cyfiawn amgen na rhoi iddynt annibyniaeth lawn.
Fe fynnai Price gadw undod yr Ymerodraeth, ond yr
unig ffordd y gellid gwneud hyn yn gyfiawn oedd ei
throi'n gynghrair o wladwriaethau cydradd, ac awdur-
dod y cyfan yn dibynnu ar gydsyniaeth ddigymell pob
aelod.

Ar un cyfrif fe wnaeth Price yr ateb i argyfwng
America yn afreal o hawdd. Wrth gymhwyso egwyddor
ymreolaeth fe *ragdybiodd* fod y bobl Americanaidd yn
gymundod ar wahân o safbwynt gwleidyddol, ond ni
ddangosodd eu bod. A derbyn y rhagdyb hon, fe
ganlynai y dylid, yn rhinwedd egwyddor ymreolaeth,
ganiatáu annibyniaeth i wladychwyr America, os dyna
a ddymunent. Serch hynny, yr oedd yn agored hyd yn
oed i'r rhai a arddelai egwyddor ymreolaeth i holi
ai cymundodau gwahanol ydoedd Prydain ac America
o safbwynt gwleidyddol. Gallent ddadlau fod Prydain
a gwladychwyr America yn aelodau o'r gymundod,
ac yn fwy na hynny, gan fod y Senedd yn cynrychioli
yr holl Ymerodraeth, fod gan Brydain ac America
ymreolaeth eisoes.

only come into being with the whole-hearted and unconstrained consent of the colonists themselves. If such a scheme of accommodation were not acceptable to them, if the only arrangement that would suit was one in which they enjoyed full and independent control of their own affairs, there would be no justifiable alternative to granting them full independence. Price wished to retain the unity of the Empire, but the only way in which this could justifiably be done was by converting it into a Confederation of states of equal status in which the authority of the whole depended upon the unconstrained consent of each member.

In one respect Price made the solution of the American crisis artificially easy. In applying the principle of self-government he *assumed* that for political purposes the American people constituted a separate community, but he did not demonstrate that they were. Once this assumption was granted it followed that the principle of self-government implied that the American colonists should be allowed to become independent, if they so wished. It was, however, open even to those who endorsed the principle of self-government to question whether America and Britain were separate communities for political purposes. They could argue that Britain and the American colonies were members of the same community, and for good measure, since Parliament represented the interest of the whole Empire, that Britain and America already enjoyed self-government.

Gorsymleiddio'r broblem oedd ger ei fron a wnaeth Price wrth ddehongli egwyddor ymreolaeth. Yr oedd ei ymdriniaeth yn beryglus o gamarweiniol, nid yn syml oherwydd iddo ragdybied heb ddadl fod yr Americanwyr yr adeg honno'n gymundod ar wahân, ond oherwydd nad yw fel petai'n ymwybod â'r anawsterau sydd mewn llawer cyd-destun gwleidyddol o benderfynu beth sydd i'w gyfrif yn gymundod wleidyddol, a pha rai sydd i'w cynnwys yn yr uned sydd i'w llywodraethu ei hun. Mae'n union fel petai wedi ei chymryd yn ganiataol ei bod yn hawdd inni ddarnodi cymundod i gymhwyso'r egwyddor iddi. Mewn llawer sefyllfa fe all ymddangos yn gwbl *amlwg* beth sydd i'w gyfrif yn gymundod, ond erbyn ystyried ennyd fe welir nad yw hi mor hawdd bob amser, a bod profiad wrth gymhwyso egwyddor hunan-benderfyniaeth wedi datgelu rhai o'r problemau gwleidyddol mwyaf anodd ac anhydrin. Ystyriwch, er enghraifft, yr argyfwng presennol yng Ngogledd Iwerddon. Os derbyniwn yr egwyddor y dylai pob cymundod ei lywodraethu ei hun, sut y penderfynwn pa rai ydyw'r cymundodau a ddylai wneud hynny? Beth yn y cyswllt hwn yw gwir hunaniaeth y gymundod wleidyddol? Ai Gogledd Iwerddon (a chanddi hawl i'w llywodraethu ei hun drwy fwyafrif), ai Iwerddon gyfan (a chanddi hawl i'w llywodraethu ei hun drwy fwyafrif), ai eto uned ehangach, yn cynnwys Iwerddon a llawer rhagor? O'r gorau, meddir, gellir datrys y broblem drwy adael i'r bobl ddewis drostynt eu hunain. Gofynner

A

R E V I E W

OF THE

PRINCIPAL QUESTIONS

IN

M O R A L S.

PARTICULARLY

Those respecting the ORIGIN of our IDEAS of VIR-
TUE, its NATURE, RELATION to the DEITY,
OBLIGATION, SUBJECT-MATTER, and SANCTIONS.

THE THIRD EDITION CORRECTED,

AND ENLARGED BY AN APPENDIX,

CONTAINING ADDITIONAL NOTES,

AND A DISSERTATION

On the BEING and ATTRIBUTES of the DEITY.

By RICHARD PRICE, D.D. F.R.S.

Οὐ γὰρ ἔχω ἔγωγε οὐδὲν οὕτω μοι ἐναργὲς ὂν, ὡς τοῦτο; τὸ ΕΙΝΑΙ ὡς
οἶόν τε μάλιστα ΚΑΛΟΝ τε καὶ ΑΓΑΘΟΝ.   PLAT. in Phædone.

In Homine autem summa omnis animi est; in animo, rationis; ex qua
VIRTUS *est, Quæ rationis absolutio definitur. Quam* etiam atque
etiam *explicandam putant.*   CICERO, *De finibus,* lib. v. 14.

L O N D O N:

PRINTED FOR T. CADELL IN THE STRAND.

M DCC LXXXVII.

The title-page of the third edition of Price's *Review*

Wyneb-ddalen y trydydd argraffiad o *Review* Price

Portrait of Lord Shelburne by Sir Joshua Reynolds, the original of which is in the *National Portrait Gallery*

Darlun o Iarll Shelburne gan Syr Joshua Reynolds. Y mae'r gwreiddiol yn y *National Portrait Gallery*

Price's exposition of the principle of self-government over-simplified the problem he had to deal with. His treatment was misleading, in rather a dangerous way, not simply because he assumed without argument that the Americans then constituted a separate community, but because he does not seem to have been aware of the difficulties in many political contexts of determining what is to count as a political community and of determining who are to be included in the unit that is to govern itself. He just seems to have taken it for granted that we can easily identify a community for the purpose of applying the principle. In many situations it may just seem *obvious* what is to count as a community, but a moment's reflection will show that it is not always so easy, and that the experience of applying the principle of self-determination has discovered some of the most difficult and intractable political problems. Consider, for example, the present crisis in Northern Ireland. If we accept the principle that every community should govern itself how do we decide what are the communities that should do so? What in this context is the true identity of the political community? Is it Northern Ireland (with a right to govern itself by majority rule)? Or is it the whole of Ireland (with a right to govern itself by majority rule)? Or is it indeed some larger unit, including Ireland, and much else besides? Well, it may be said, the problem can be solved by letting the people decide for themselves. Ask the people how they wish to be governed.

i'r bobl sut y dymunant gael eu llywodraethu. Yn
anffodus, mae'r ateb hwn yn rhagdybio'r casgliad, gan
fwrw ein bod eisoes yn gwybod yr hyn yr holwn
amdano. I bwy y dylem ofyn y cwestiwn hwn? Pleid-
leisiau pwy sydd i'w cyfrif? Pe gwyddem pa wlad y
dylid anelu'r refferendwm ati, ni fyddai'n rhaid inni
ofyn y cwestiwn yn y lle cyntaf. Ac felly mae cwestiwn
y gallai rhai feddwl ei fod yn hawdd ei ateb yn troi
allan yn un ffyrnig o anodd. Gadewch inni ddod
ychydig yn nes adref a holi a yw Cymru'n gymundod
wahanol o safbwynt cymhwyso'r egwyddor. Y mae'r
cwestiwn hwn hefyd yn agored i'w ateb mewn sawl
ffordd wahanol, ac y mae'n werth nodi gyda llaw nad
oes dystiolaeth a awgrymai fod Price ei hun erioed
wedi dangos unrhyw ymwybyddiaeth o Gymru fel
cymuned ar wahân o safbwynt gwleidyddol.

Datblygodd Price wedd bwysig arall ar feddwl John
Locke, sef ei syniadau am sut y datblygir sefydliadau
cynrychioladol. Fel y nodais yn gynharach, fe gymerai
Locke fod dynion, wrth greu cymdeithas wleidyddol,
yn dirprwyo'u llywodraethwyr i arfer awdurdod a
gallu drostynt, gan roi ar ddeall y byddent yn eu
cynnal os llywodraethent yn unol ag erthyglau'r
ymddiriedaeth a roddodd yr awdurdod a'r gallu
iddynt. Ni wnâi'r bobl ailgymryd yr awdurdod honno
ond os darfyddai i'r rhai yr ymddiriedwyd hi iddynt
gamymddwyn. Y mae, fodd bynnag, draddodiad lled
wahanol a mwy radicalaidd yn syniadaeth wleidyddol

Unfortunately this solution begs the question for it assumes that we know what we are setting out to find. To whom are we to ask this question? Whose votes are we to count? If indeed we knew those to whom the referendum should be addressed we should not have needed to ask the question in the first place. So what might appear to some a question that admits of an easy answer turns out to be ferociously difficult. Let us come a little nearer home and ask whether Wales constitutes a separate community for the purposes of applying the principle. This question too admits of different answers, and it is, incidentally, worth noting that there is no evidence to suggest that Price himself ever betrayed any consciousness that Wales was for political purposes a separate community.

Another important respect in which Price developed the thought of John Locke concerns the development of representative institutions. As I noted earlier, Locke assumed that when men created political society they delegated the exercise of authority and power to their governors on the understanding that they would support them if they governed in accordance with the articles of the trust by which they were endowed with authority and power. The people would re-assume that authority only if those to whom they entrusted it misbehaved. There is, however, a rather different and more radical tradition in British political thought whereby the

Prydain. Yn ôl hwn, y syniad yw fod y bobl yn cadw'r
hawl i newid eu llywodraethwyr, a'u dulliau o ly-
wodraeth yn wir, pan welont yn dda i wneud hynny.
Fe ddaliai John Milton, er enghraifft, fod gan y bobl
hawl i alw eu llywodraethwyr yn ôl pan ddymunant.
Nid oes rhaid iddynt aros hyd nes i'w llywodraethwyr
gamymddwyn. Fe ymlynodd Price wrth y traddodiad
mwy radicalaidd; yr oedd yn awyddus i lywodraeth
ddod yn offeryn er gwneud ewyllys y bobl, ac, yn unol
â hyn, fe ddadleuai fod y bobl yn gyfrifol drwy'r amser
dros lywodraeth eu cymdeithas. Er mwyn cyflawni'r
cyfrifoldeb hwnnw y mae ganddynt hawl i newid eu
llywodraethwyr pan fynnont, a'r hawl hefyd i newid eu
dulliau o lywodraeth. Yn ddelfrydol, yn ôl dadl Price,
fe ddylai dynion i gyd gyfranogi o brosesau llywodraeth.
Fe barodd barn gyffelyb i Rousseau ddal na fyddai'r
gymdeithas wleidyddol ddelfrydol yn ehangach ei
maint na'r terfyn a benodid gan y syniad y dylai
pawb gymryd rhan mewn deddfwriaeth—tua maint
canton yn y Swistir—ond fe sylweddolodd Price fod
cynrychiolaeth yn anochel mewn uned wleidyddol
fawr. Ond er na ellid mewn cymdeithas fawr adael i
bawb gymryd rhan mewn deddfwriaeth, fe ddylai fod
gan bawb annibynnol ei farn bleidlais i ddewis cyn-
rychiolydd, ac fe ddylai'r cynrychiolydd weithredu
yn ôl dymuniadau'r rhai a'i etholodd.

Cwestiwn dadleuol, wrth gwrs, yw perthynas Aelod
Seneddol â'i etholwyr. Oherwydd ei gred fod lly-
wodraeth yn offeryn er rhoi ewyllys y bobl ar waith,

people are conceived to retain the right to change their governors, and indeed their forms of government, when they think fit to do so. John Milton, for example, held that the people have a right to recall their governors when they wish to do so. They do not have to wait until their governors misbehave. Price followed in the more radical tradition; he wished government to become an instrument for putting the will of the people into effect, and, accordingly, he argued that the people have a continuous responsibility for the government of their society. To discharge that responsibility they have the right to change their governors when they want to do so, and they also have the right to change their forms of government. Ideally, Price argued, all men should participate in the processes of government. A similar view induced Rousseau to maintain that the ideal political society would be no larger than the limit set by the notion that all men should take part in making the laws—about the size of a Swiss canton, but Price realised that in a large political unit representation was inevitable. But although it would be impossible in a large society to let every one participate in legislation everyone of independent judgement should have a vote in the choice of a representative and the representative should follow the wishes of those who elected him.

The question as to how a Member of Parliament stands in relation to his constituents is, of course, a controversial one. Because he believed that government

fe gredai Price y dylai'r Aelod fod yn fodlon i dderbyn cyfarwyddiadau gan ei etholwyr. Ond er bod rhywrai o hyd yn gefnogol i syniad Price am swyddogaeth Aelod Seneddol, mi gredaf ei bod yn deg dweud nad ei syniad ef a dderbyniwyd yn fwyaf cyffredin. Ym Mhrydain o leiaf, fe gytunai'r mwyafrif o bobl â'r hyn y daethpwyd i'w weld yn amddiffyniad clasurol o'r syniad mai cynrychiolydd yw Aelod ac nid dirprwy dros ei etholwyr, y syniad a draethodd Edmund Burke yn ei araith i etholwyr Bryste, 3 Tachwedd 1774. Fe faentumiodd Burke mai gofal dros fuddiannau'r holl wlad oedd dyletswydd gyntaf yr Aelod, ac y dylai bob amser farnu drosto'i hun beth oedd y buddiannau hynny hyd yn oed os parai hynny iddo wrthdaro yn erbyn barn ei etholwyr.

Wrth ddatblygu prif thema athroniaeth wleidyddol Locke i gyfeiriad democrataidd, yr oedd Price yn ceisio gwneud y Senedd yn fwy ymatebol i ewyllys y bobl. I'r perwyl hwn fe argymhellodd ehangu'r etholfraint. Y delfryd fyddai rhoi pleidlais i ethol Aelod Seneddol i bob oedolyn rhesymol o wryw (ni chododd Price mo'r cwestiwn a ddylid rhoi'r bleidlais i fenywod). Ond wrth gynnig ei gynlluniau ef ei hun ar gyfer gweithredu'r egwyddor hon fe awgrymodd y dylid cyfyngu'r etholfraint i rai o farn annibynnol; ei ofn oedd, pe rhoddid y bleidlais i rai oedd yn rhy dlawd i wrthsefyll llwgr wobrwyon y rhai cefnog, yr âi'r gallu effeithiol i ddwylo'r rhai cyfoethog. Fe ffafriai Price

was an instrument for putting the will of the
people into effect, Price believed that the Member
should be willing to receive instructions from his
constituents. But Price's conception of the function
of a Member of Parliament, although it is still supported
in some quarters, is not, I think it fair to say, the one
that has won the widest acceptance. Most people, in
Britain at least, would agree with what has come to be
regarded as the classic defence of the view that a Mem-
ber is a representative but not a delegate of his con-
stituents, which was given by Edmund Burke in his
speech to the electors at Bristol on 3 November 1774.
Burke maintained that the Member's first duty was to
be concerned with the interests of the whole nation,
and that he should always follow his own judgement
as to where that interest lay even though it should
bring him into conflict with the views of his constituents.

In developing the main theme of Locke's political
philosophy in a democratic direction Price sought to
make Parliament more responsive to the will of the
people. To this end he advocated an extension of the
franchise. The ideal would be to give a vote in the
election of a Member of Parliament to every rational
adult male (Price did not raise the question as to
whether votes should be given to women). But in
making his own proposals for the implementation of
this principle he suggested that the franchise should be
restricted to those of independent judgement; his fear
was that if the vote were given to those who were too
poor to be able to resist the bribery of the rich, effective

hefyd ail-ddosbarthu'r seddau a dileu'r "bwrdeistrefi pwdr". Yr oedd cyfnewidiadau poblogaeth wedi esgor ar lawer anghyfartaledd: fel y gwyddys, yr oedd yr ymfudo graddol o gefn gwlad i'r trefi diwydiannol newydd wedi peri bod dosbarthiad yr etholaethau'n annheg. Tra cynrychiolid rhai o'r cymunedau gwledig yn fwy na digon, yr oedd cynrychiolaeth rhai o'r trefi newydd yn echrydus o isel. Fe ffafriai Price hefyd ddechrau cynnal Seneddau'n amlach, os nad yn flynyddol. Credai y byddai'r diwygiad hwn yn galluogi'r etholaethau i gadw rheolaeth lymach ar eu cynrychiol-wyr, ac yn ei gwneud yn anos i'r Brenin a'r Weiny-ddiaeth ennill dylanwad gormodol ar y Senedd.

Pam yr oedd Price mor eiddgar dros ddwyn gwleidyddiaeth yn fwy dan reolaeth y bobl? Yr ydym eisoes wedi crybwyll y prif reswm pam yr oedd mor awyddus i gefnogi datblygiadau democrataidd, wrth drafod ei resymau dros bleidio ymreolaeth genedlaethol. Fe ddylai pob pobl eu llywodraethu eu hunain nid yn unig fel y byddent yn rhydd oddi wrth reolaeth oddi allan ond hefyd oherwydd y dylai eu sefydliadau gwleidyddol alluogi pob dyn i gyfranogi o brosesau llywodraeth. Fe ddylai fod iawnderau gwleidyddol gan bob dyn oblegid bod cyflawni cyfrifoldeb gwleidyddol yn rhan o urddas bod dynol. Yn ei athroniaeth foesol fe bwysleisiodd Price fod arnom ddyletswydd i ufudd-hau i'n cydwybodau ni'n hunain, a dyletswydd i ofalu, orau y gallwn, fod ein dyfarniadau moesol

power would pass into the hands of the wealthy. Price also favoured a redistribution of seats and the abolition of "rotten boroughs". Population changes had led to many anomalies: as is well known, the drift of people from the countryside into the new industrial towns had led to an inequitable distribution of constituencies. While some of the rural communities were more than adequately represented, some of the new towns were grossly under-represented. Price also favoured the introduction of more frequent, if not annual, Parliaments. This reform would, he believed, enable the constituencies to exercise a sharper control over their representatives, and make it more difficult for the King and the Executive to gain undue influence over Parliament.

Why was Price so keen to bring politics more under popular control? The main reason why he was so anxious to support democratic developments has already been anticipated in our discussion of his reasons for advocating national autonomy. Every people should govern themselves not only in the sense that they should be free from external control but also in the sense that their political institutions should enable every man to participate in the processes of government. Every man should have political rights because the discharge of political responsibility is part of the dignity of the human. In his moral philosophy Price emphasized that we have a duty to obey

wedi eu seilio ar wybodaeth ddigonol. Ni allwn fwrw'r cyfrifoldebau hyn ar neb arall. Yn yr un modd, y mae mewn materion gwleidyddol ddyletswydd ar bob dyn i ofalu dros les ei gymdeithas a thros ddiogelwch iawnderau naturiol ei gyd-ddynion. Y mae hwn hefyd yn gyfrifoldeb na ellir mo'i fwrw ar eraill. Fe fydd dyn a wthia'r cyfrifoldebau hyn ar rywun arall yn debyg i un a ddewisai fod yn gaethwas neu aros yng nghyflwr plentyndod. Ni all oedolyn wneud hyn a chadw ei lawn faintioli fel dyn, yn union am fod derbyn cyfrifoldeb dros gyflwr ei gymdeithas, a bod yn barod i gymryd rhan yn ei llywodraeth, yn rhan hanfodol o urddas foesol dyn.

Mae'n bwysig iawn bod yn glir ein meddwl pa fath o ddadl y mae Price yn ei gynnig inni yn y fan hon. Nid dweud yn syml wrthym y mae y dylem fod yn ddemocratiaid am mai democratiaeth yw'r dull mwyaf llwyddiannus o lywodraeth. Mae'n wir iddo gredu mai lle y cynrychiolir dynion, ac yno'n unig, y mae eu buddiannau'n ddiogel, ond nid dyna'r unig reswm pam y dylai dynion eu llywodraethu eu hunain. Ac nid yw Price yn dweud yn syml y dylem os gallwn ddewis sefydliadau democrataidd oblegid bod rhoi cyfrifoldeb i bobl yn peri iddynt ymddwyn yn fwy cyfrifol. Fe dybiai Price fod hon yn ddadl dda dros sefydliadau cynrychioladol, ond nid dyna'r unig reswm dros ehangu cyfrifoldebau gwleidyddol. Ei brif ddadl,

our own consciences and a duty to see that our moral judgements are as well-informed as we can make them. These responsibilities we cannot alienate. Analogously in political matters each man has a duty to care for the welfare of his society and the defence of the natural rights of his fellow-men. This too is a responsibility we cannot alienate. A man who thrusts these responsibilities upon another is like one who chooses to be a slave or to remain in the condition of childhood. No adult can do this and retain his full stature as a man precisely because accepting responsibility for the state of one's society and being prepared to take part in its government is part, an essential part, of the moral dignity of a man.

It is very important to be clear about the kind of argument Price is offering us here. He is not just simply saying that we should be democrats because democracy is the most successful form of goverment. Price did in fact believe that only where men are represented are their interests secure, but this was not the only reason why men should govern themselves. Neither is Price simply saying that we ought if possible to choose democratic institutions because giving people responsibility makes them behave more responsibly. Price thought that this was a good argument for representative institutions but it did not exhaust the reasons for extending political responsibilities. His main argument, I believe, is not that men should

gredaf i, yw nid y dylai fod cyfrifoldeb gan ddynion
oherwydd y canlyniadau da sy'n deillio o hynny, ond
oblegid bod meddu ar gyfrifoldeb yn cyflawni un o
ofynion y syniad mwyaf aruchel (yn ei farn ef) am
natur dyn. Ymhlith y delfrydau uchaf y gallwn eu
coleddu am ein cyd-ddynion ceir hwnnw o'r dyn sy'n
ymroddi i les ei gymrodyr. Y mae derbyn cyfrifoldeb
gwleidyddol yn rhan o'r syniad dyngarol hwnnw, ac
y mae ar ddyn angen yr iawnderau gwleidyddol a'i
galluoga i gyflawni'r cyfrifoldeb hwnnw.

Fe sylwyd erbyn hyn fy mod wedi cyflwyno Price
fel un a gefnogai ddatblygu cymdeithas *ddemocrataidd.*
Y mae sylwedd yr honiad yn gywir, er y byddai Price
ei hun wedi gwrthod y disgrifiad. Ni fyddai wedi
synied amdano'i hun fel democrat. Y rheswm yw,
fod y gair "democrat" yn ei amser ef yn golygu rhyw-
beth lled wahanol i'r hyn a olyga heddiw. Fe gadwai
o hyd yr adeg honno yr ystyr Aristotelaidd o ddull ar
lywodraeth lle rheolai'r mwyafrif heb gadw deddfau
sefydledig y gymundod. Hyd at ddiwedd y ddeuawfed
ganrif, ymron, yr oedd y term yn ddifrïol ei ergyd,
fel y mae'r term "ffasgydd" heddiw. Nid oedd democrat
yn rhywbeth y dewisai rhywun fod. Ond os golygwn
wrth y term gymdeithas a lywodraethir drwy sefyd-
liadau ac ynddynt gyfle i'r holl ddynion rhesymol
mewn oed un ai cymryd rhan mewn deddfwriaeth ai
pleidleisio i ethol eu deddfwyr, yna rhoddwn i'r term
ystyr na fyddai cywilydd gan Price o'i arddel yn ddis-
grifiad cymwys o'i syniadau.

enjoy responsibility because of the good consequences that flow from their having it, but because their having it answers to something that characterizes what he conceived to be the noblest conception of human nature. Among the highest ideals we can entertain of our fellow-men is that of one who devotes himself to the welfare of his fellows. Accepting political responsibility is part of that philanthropic conception, and a man needs to enjoy the political rights that will enable him to discharge that responsibility.

It will have been noted that I have represented Price as one who supported the development of a *democratic* society. The claim is substantially true even though Price himself would have rejected the description. He would not have thought of himself as a democrat. The reason for this lies in the fact that in his time the word "democrat" meant something rather different from what it does today. It still retained the Aristotelian meaning of a form of government in which the majority had control but did not observe the established laws of the community. Indeed until almost the end of the eighteenth century the use of the term was pejorative in the way the term "fascist" is in our own day. A democrat was not something one would choose to be. But if by the term we mean a society which is governed through institutions in which all the adult, rational, men either participate in legislation or have a vote in the election of their legislators then the meaning of the term is such that Price would not have been ashamed to acknowledge it as applying to his views.

Fe wnaeth cyhoeddi *Observations on the Nature of Civil Liberty* Price yn enwog o bobtu Iwerydd. Fe symbylwyd llawer ateb i'r pamffledyn, a llawer ohonynt yn dra gelyniaethus i Price. Efallai nad yw hyn yn syndod, am fod y farn gyhoeddus, ym mlynyddoedd cynnar y rhyfel o leiaf, yn gefnogol i bolisi'r Weinyddiaeth yn America. Serch hynny, yr oedd Dinas Llundain yn cymeradwyo pamffledyn Price, ac fe'i anrhydeddwyd ganddynt mewn modd anarferol i bamffledwr gwleidyddol. Ar 14 Mawrth 1776 fe benderfynodd y Cyngor Cyffredin:

"Cyflwyno Rhyddfraint y Ddinas hon, mewn Blwch Aur o werth Hanner Can Punt, i'r Parchedig Ddoethur RICHARD PRICE, yn dystiolaeth ddiolchgar o gymeradwyaeth y Llys hwn am ei bamffledyn diweddar, dan y pennawd 'Observations on the Nature of Civil Liberty'."

Ychydig yn ddiweddarach, ar ochr arall Iwerydd, derbyniodd Price anrhydedd mwy anarferol fyth. Ar 6 Hydref 1778 fe benderfynodd y Gyngres Americanaidd:

"Cyfarwyddo'n ddiatreg yr Anrhydeddus Benjamin Franklin, Arthur Lee, a John Adams, Ysweiniaid, neu unrhyw un ohonynt, i ymgyfeirio at y Dr. Price a'i hysbysu fod yn Awydd gan y Gyngres ei ystyried yn Ddinesydd o'r Taleithiau Unedig, a derbyn ei

The publication of *Observations on the Nature of Civil Liberty* made Price famous on both sides of the Atlantic. The pamphlet evoked many replies, many of which were extremely hostile to Price. This is perhaps not surprising because public opinion in general, at least in the early years of the War, favoured the Administration's policy in America. The City of London, however, approved of Price's pamphlet and gave him an honour that political pamphleteers seldom receive. On 14 March 1776 the Common Council resolved:

"That the Freedom of this City be presented, in a Gold Box of the value of Fifty Pounds, to the Reverend Doctor RICHARD PRICE, as a grateful testimony of the approbation of this Court for his late pamphlet, entitled 'Observations on the Nature of Civil Liberty'."

A little while later, on the other side of the Atlantic, Price received an even more unusual honour. On 6th October 1778 the American Congress resolved:

"That the Honourable Benjamin Franklin, Arthur Lee and John Adams, Esqrs. or any one of them be directed forthwith to apply to Dr. Price, and inform him that it is the Desire of Congress to consider him as a Citizen of the United States, and to receive his

Gymorth wrth reoleiddio eu Cyllid. Ac os gwêl ef yn
addas ymfudo gyda'i Deulu i America a rhoi'r
cyfryw Gymorth, y gwneir Darpariaeth hael i'w dalu
am ei Wasanaeth."

Ni allodd Price dderbyn y gwahoddiad am fod ei
iechyd yn gwaethygu, ac yr oedd yn teimlo ei bod yn
rhy hwyr ar ei oes—yr oedd yn hanner cant a phump
pan ddaeth y gwahoddiad—i dorri ei aml rwymau a
chysylltiadau ym Mhrydain a dechrau bywyd newydd
mewn gwlad arall. Ond er na allai dderbyn y gwa-
hoddiad, ni pheidiodd byth â bod yn amddiffynnydd
angerddol i'r gwladychwyr. Pan ysgrifennodd *Ob-
servations on the Nature of Civil Liberty* yr oedd wedi
gobeithio y deuid o hyd i ryw fodd o gadw'r trefedi-
gaethau y tu mewn i'r Ymerodraeth, ond pan ymehan-
godd y rhwyg rhwng y gwrthwynebwyr a'r hen wlad yn
rhyfel agored, fe welodd yn fuan fod annibyniaeth
cystal â bod yn anochel, ac ar 21 Mawrth 1788 ysgri-
fennodd at Shelburne i argymell mai doeth fyddai ei
chaniatáu. Trwy gydol gweddill blynyddoedd y rhyfel
fe wyliai ei hynt a helynt gyda mawr bryder, a chysur
anrhaethol iddo oedd clywed i'r Weinyddiaeth Brydeinig
benderfynu rhoi'r gorau i'r ymryson ac ildio annibyn-
iaeth i'r Americanwyr.

Pam yr ymlynodd Price mor ddwys wrth achos y
gwrthryfelwyr? Yn ddiamau yr oedd llawer rheswm,
ond yn anad yr un y mae ei argyhoeddiad dwfn mai

Assistance in regulating their Finances. That if he shall think it expedient to remove with his family to America and afford such Assistance a generous Provision shall be made for requiting his Services."

Price was unable to accept the invitation because his health was declining and he felt that it was too late in life—he was fifty-five when the invitation came—to sever his many ties and connections in Britain and begin a new life in another country. But although he was unable to accept the invitation he never ceased to be a passionate defender of the colonists. When he wrote *Observations on the Nature of Civil Liberty* he had hoped that some way of retaining the colonies within the Empire would be found, but when the breach between the dissentients and the home country widened into open hostilities, he soon came to see that independence was virtually inevitable, and on 21 March 1788 he wrote to Shelburne urging the wisdom of granting it. Throughout the remainder of the war years he followed the course of events with great anxiety and it was with untold relief that he learnt of the British Administration's decision to give up the contest and yield independence to the Americans.

Why was Price so deeply attached to the rebel cause? No doubt there were many reasons, but eminent among them was his deep conviction that in America

yn America y lleolid gobeithion y ddynoliaeth am
y dyfodol. Fel y nodais yn gynharach, fe chwerwodd ei
agwedd at wleidyddiaeth Prydain pan siomwyd ymgais
yr Ymneilltuwyr i sicrhau cydnabyddiaeth gyfreithiol
gyflawn o'r hawl i ryddid addoli, ond yr oedd rhesymau
eraill dros gredu fod gwleidyddiaeth Prydain yn llwgr
a methiannus. Tybiai Price iddo weld yn nhwf gallu'r
Brenin a'r Weinyddiaeth fygwth gwrthdroi cydbwysedd
eiddil y Cyfansoddiad ac amharu ar ddiogelwch
iawnderau'r dinesydd. Os llwyddai'r Weinyddiaeth yn
America, fe'u calonogid i ymorol gartref am alluoedd
mwy, ac yn y pen draw am rai gormesol. Gyda thwf
llygredigaeth wleidyddol, ac yn wir wrth ei wraidd,
yr oedd dirywiad cyffredinol yn rhinweddau'r bobl;
ac yr oedd y dirywiad hwn i'w olrhain at gynnydd
cyffredinol yn y safon o fyw, ac at gynnydd mewn
moethusrwydd. Piwritan oedd Price: y dull delfrydol
o fyw yn ei olwg ef oedd un unplyg, diwyd, darbodus,
cymharol gynnil, heb ofal am feddiannau materol ond
cyn belled ag y galluogent ddynion i fyw bywyd
deallol ac ysbrydol. Amgylchfyd gwledig yn bennaf
a ffafriai ar gyfer dwyn y delfryd hwn i fod. Gallai
trefi cymedrol eu maint fod yn fuddiol er datblygu
gwareiddiad, ond ei fygwth a wnâi'r trefi mwy a'r
dinasoedd. Yr oedd America, dybiai ef, wedi bod yn
ffodus wrth ddianc rhag y peryglon sy'n dod yn sgîl
cynnydd gormodol mewn marsiandïaeth a masnach.
Yr oedd yn awyddus i roi cymaint ag y gallai o gymorth
i'r genedl ifanc, ac fe gyhoeddodd yn 1784 bamffledyn

lay the future hopes of mankind. As I noted earlier his opinions on British politics had been embittered by the frustration of the Dissenters' attempt to secure full legal recognition of the right to freedom of worship, but there were other reasons for believing that British politics were corrupt and decadent. Price thought he saw in the increase in the power of the King and the Executive a threat to the delicate balance of the Constitution and a menace to the defence of the rights of the citizen. Success for the Administration in America would encourage them to seek greater, and ultimately tyrannical, powers at home. The growth of political corruption was matched by, and in fact due to, a general decline in the virtues of the people which had been brought about by a general increase in the standard of living and by an increase in luxury. Price was a puritan; his ideal way of life was simple, hard-working, thrifty, relatively frugal, concerned with the possession of material things only in so far as they made it possible for men to lead an intellectual and spiritual life. The most favoured context for the realisation of this ideal was predominantly rural. Towns of a moderate size could prove beneficial to the development of civilization, but the larger towns and cities constituted a threat. America, he thought, had been fortunate in escaping the dangers that accompany an excessive increase in commerce and trade. He was anxious to help the young nation all he could, and in 1784 published another pamphlet on American

arall am faterion America dan y pennawd *Observations on the Importance of the American Revolution.* O'i gymharu â'i bamffledi gwleidyddol cynharach y mae ei ymdriniaeth â'r problemau sy'n tynnu ei sylw yn y traethawd hwn yn fwy ymarferol a llai haniaethol. Y mae darllenwyr gwaith Price weithiau wedi cael argraff ei fod yn rhy barod i lunio cyfarwyddyd ymarferol ar sail egwyddorion haniaethol fel egwyddor ymreolaeth. Yn y gwaith hwn fe ddengys ei fod yn sylweddoli mor bwysig yw dal sylw manwl ar natur yr amgylchiadau y mae'n rhoi cyfarwyddyd ar eu cyfer.

Yr hyn y dylai'r genedl ifanc ei wneud yn anad pob dim, ym marn Price, oedd sicrhau fod y trefniant gwleidyddol yn y canol yn abl i ddarparu polisi cydlynol a'i weithredu ar gyfer yr holl wlad. Erbyn ystyried helyntion y trefedigaethau ar ôl 1776, yr oedd yn amlwg, er iddynt ryfela'n llwyddiannus, fod arnynt o hyd eisiau awdurdod cynghreiriol digon grymus i fod yn warant dros gyfraith a threfn yn y diriogaeth gyfan, ac i orfodi polisi cyffredin ar yr holl gymdeithas. Hyd oni allent gyrraedd y fath unoliaeth fewnol, fe'i câi'r Taleithiau Unedig yn anodd ennill digon o barch oddi allan i gynnal polisi tramor llwyddiannus. Camp llywodraethu oedd gwneud y gymdeithas gyfan yn heddychlon a chadarn, gan gadw yr un pryd i'r taleithiau ymaelodol ac i ddinasyddion unigol y radd o ryddid sydd eisiau iddynt ddatblygu i'w llawn dwf. I gryfhau'r canol fe ddylid awdurdodi'r llywodraeth

affairs entitled *Observations on the Importance of the American Revolution*. Compared with his earlier political pamphlets his treatment of the problems he is concerned with in this essay is more practical and less abstract. Readers of Price's work have sometimes formed the impression that he is too ready to derive practical prescriptions from abstract principles like the principle of self-government. In this work he shows that he realises the importance of paying close attention to the nature of the circumstances for which he prescribes.

What above all the young nation ought to do, in Price's opinion, was to ensure that the political organization at the centre could provide and enforce a coherent policy for the whole. Reflection on events in the colonies after 1776 showed that despite their having waged a war successfully they still lacked a federal authority of sufficient weight to guarantee law and order throughout the territory and enforce a common policy upon the whole society. Until they could achieve this kind of unity the United States would find it difficult to win sufficient respect abroad to conduct a successful foreign policy. The art of government was to make the whole society peaceful and strong while at the same time maintaining both for member states and individual citizens the degree of liberty that was necessary for their full development. To strengthen the centre the federal government should be empowered

ffederal i godi byddin (trwy greu minteioedd lleol,
yn orau oll) a fyddai'n ddigon cryf i gynnal ei haw-
durdod, ac i godi cyllid digonol un ai trwy drethiant
neu drwy fenthyciadau cyhoeddus. I gryfhau amddi-
ffynfeydd rhyddfreiniau'r unigolyn fe ddylai'r Ameri-
canwyr sefydlu cyflawn ryddid addoliant a chyflawn
ryddid ymholi a thrafod. Yr oedd ei brofiad fel Ymneill-
tuwr wedi peri iddo amau doethineb cael Eglwysi
Sefydledig, felly nid yw'n syndod, efallai, ei fod yn
cynghori'r genedl newydd i'w hosgoi. Ynglŷn ag
addysg fe roes gymaint ag y gallai o bwys ar yr
egwyddor o ddidwylledd, yr egwyddor a bwysleisiodd
cymaint yn ei athroniaeth foesol a chrefyddol. Yr hyn
sy'n ein cymeradwyo i Dduw, fel y datganai'n ddi-flino
yw nid yn gymaint gywireb ein credoau, â'n gonestr-
wydd wrth eu coleddu. Fe fydd yr ymholwr dyfal
a diffuant sy'n methu â'i ryddhau ei hun oddi wrth
gyfeiliornad yn llawer iawn mwy tebyg o gael ei
gymeradwyo gan Dduw na'r dyn nad yw ei ddiogi
wedi ei rwystro i goleddu credoau gwir. Gwir bwrpas
addysg, ddaliai Price, yw dysgu'r ifanc *sut* i feddwl yn
hytrach na'u dysgu *beth* i'w feddwl. Gobaith Price
oedd y parhâi'r Americanwyr yn ffyddlon i'r hyn oedd
wedi peri iddo obeithio mai hwy oedd iachawd-
wriaeth y ddynol ryw, sef i fuchedd syml a dyfal
weithgar. Gan hynny, fe obeithiai y gochelent rhag
cynnydd cyflym mewn masnach, peth a ddygai yn ei
sgîl hoffter o foethusrwydd, a thrwy hynny lesgedd
moesol. Fe obeithiai hefyd na wnâi'r Americanwyr,

to raise an army (preferably by the creation of militias) strong enough to maintain its authority and to raise adequate finance either through taxation or by public loans. To strengthen the defences of individual liberties the Americans should establish full freedom of worship and full freedom of enquiry and discussion. His experience as a Dissenter had led him to question the wisdom of established churches, so it is perhaps not surprising that he should advise the new nation to avoid them. In educational matters he laid the greatest possible weight upon the principle of candour which he had emphasized so strongly in his moral and religious philosophy. What commends us to God, he was tireless in proclaiming, is not so much the correctness of our beliefs as the honesty with which we hold them. The sincere and diligent enquirer who fails to free himself from error is much more likely to win God's approval than the man whose laziness has not prevented him holding true beliefs. The true purpose of education, Price maintained, is to teach the young *how* to think rather than to teach them *what* to think. Price hoped that the Americans would remain faithful to what had bred in him the hope that they were the salvation of mankind: an adherence to a simple, hardworking way of life. For this reason he hoped that they would be wary of a rapid development of trade which would bring in its train a morally debilitating love of luxury. Price hoped too that the Americans now

wedi ennill rhyddid yn awr iddynt eu hunain, mo'i warafun i eraill. Fe obeithiai y diddyment gaethwasiaeth a'r drafnidiaeth mewn caethweision.

Yr oedd deng mlynedd olaf bywyd Price yn rhai prysur. Ni châi iechyd, ac nid oedd yn gorfforol gryf, ac felly mae'n fwy o syndod iddo gyflawni cymaint ag a wnaeth. Er nad oedd mor brysur gyda busnes y Gymdeithas Aswiriant "Equitable", fe barhâi i gasglu gwybodaeth ar gyfer adolygiadau pellach o'r *Observations on Reversionary Payments*; fe barhâi i gynghori Shelburne yn gyntaf ac wedyn Pitt ar gynlluniau ar gyfer atbrynu'r Ddyled Genedlaethol, a dylanwadodd ar luniad y Mesur Cronfa Soddi a basiwyd yn ddeddf ym 1786; adolygodd ei waith ar athroniaeth moesau, y *Review*, y cyhoeddwyd trydydd golygiad ohono yn 1787, a dwyn allan yr un flwyddyn ei *Sermons on the Christian Doctrine* yr oedd wedi eu pregethu gyntaf yn Hackney; fe roes gryn gymorth i John Howard, diwygiwr y carcharau, wrth baratoi ei lawysgrifau i'w cyhoeddi; a chwarae rhan amlwg yn y gwaith o sefydlu'r Coleg Newydd yn Hackney, gan ddysgu yno, am ysbaid byr, fathemateg, athroniaeth moesau, a pheth gwyddoniaeth ffisegol.

Eithr yr agwedd ar weithgarwch amrywiol Price ym mlynyddoedd olaf ei fywyd y cofir ef heddiw orau o'i herwydd, ond odid, yw'r rhan a gymerodd yn y mudiad dros ddiwygio'r Senedd. Yr oedd Price wedi

that they had achieved liberty for themselves would not deny it to others. He hoped that they would abolish slavery and the slave trade.

The last decade of Price's life was a busy one. He did not enjoy good health, his constitution was not robust, and so it is all the more surprising that he accomplished as much as he did. Although not so actively engaged in the affairs of the Equitable Assurance Society, he continued to collect information for further revisions of *Observations on Reversionary Payments;* he continued to advise first Shelburne and then Pitt on schemes for the redemption of the National Debt and influenced the construction of the Sinking Fund Bill which passed into law in 1786; he revised his work on moral philosophy, the *Review,* the third edition of which was published in 1787, and in the same year he brought out his *Sermons on the Christian Doctrine* which he had originally preached at Hackney; he gave considerable help to John Howard, the prison reformer, in preparing his manuscripts for publication; and he played a prominent part in the founding of New College, Hackney, where for a brief while, he taught mathematics, moral philosophy and some physical science.

But the aspect of Price's varied activity in the last years of his life by which he is now most probably best remembered is his participation in the movement for parliamentary reform. Since its formation in 1780

bod yn aelod o'r Gymdeithas er Hyrwyddo Gwybodaeth Gyfansoddiadol er pan sefydlwyd hi yn 1780. Cymdeithas ydoedd a geisiai hysbysu'r cyhoedd am faterion cyfansoddiadol ac ennyn chwant am ddiwygiad. Yr oedd syniadau rhai o'r aelodau, fel John Cartwright a John Jebb, yn radicalaidd dros ben, a gellir dweud eu bod yn achub y blaen ar raglen Siartwyr y ganrif nesaf. Yn y cwmni hwn, cymedrolwr oedd Price, ac er iddo dybied mai etholfreinio'r holl oedolion oedd y delfryd y dylid anelu ato, fe godid y rhagolygon am rywfaint o welliant yn y dyfodol agos pe byddai'r diwygwyr yn eu cyfyngu eu hunain i geisio diwygiad economaidd, Seneddau amlach, diddymu'r bwrdeistrefi pwdr, ac ailddosbarthu'r seddau.

Ar y dechrau, yn ystod blynyddoedd olaf y rhyfel, yr oedd y mudiad fel petai'n ennill tir, ond wedi i Pitt fethu cael caniatâd i ddwyn Mesur diwygiadol gerbron yn 1782, fe gollodd yn raddol ei nerth a'i egni. Yr oedd sawl rheswm pam y bu felly. Fe gryfhawyd cryn dipyn o'r awydd am ddiwygiad, nid yn unig gan argyhoeddiad am gywirdeb yr egwyddorion yr apelid atynt, ond hefyd gan anfodlonrwydd cyffredinol ynghylch y modd y dygid y rhyfel ymlaen. Pan ddaeth yr ymladd i ben fe dreiodd yr anfodlonrwydd, ac ni theimlid cymaint o angen am ddiwygiad buan. Ymhellach, fe wanychwyd y mudiad diwygiadol gan anghydfarn yn ei rengoedd, a'r rhai mwy cymedrol yn cael braw rhag y camre yr oedd y rhai mwy eithafol yn eu

Price had been a member of the Society for Promoting Constitutional Information, a society which sought to inform the public on constitutional matters and to stimulate a demand for reform. The ideas of some of the members, like John Cartwright and John Jebb, were exceedingly radical and could be said to anticipate the Chartist programme of the next century. In this company Price was a moderate, and although he thought that universal adult suffrage was the ideal which men should strive to achieve, he believed that the prospects of making some advance in the immediate future would be enhanced if the reformers limited themselves to trying to secure economical reform, more frequent Parliaments, the abolition of the rotten boroughs and the redistribution of seats.

Initially, during the concluding years of the war, the movement seemed to gain ground, but after Pitt's failure to obtain leave to introduce a reform Bill in 1782, it gradually lost its strength and impetus. There were several reasons why this happened. Much of the desire for reform had been strengthened not just by a conviction of the rightness of the principles upon which it was defended, but also by a widespread dissatisfaction with the conduct of the war. With the end of hostilities this not unnaturally diminished and the need for reform seemed less urgent. Further, the reform movement itself was weakened by dissensions within its ranks, and the more moderate were alarmed by the measures advocated by the more extreme.

hargymell. Nid oedd gan rai o'r rhain fawr o amcan
ymarferol am beth y gellid disgwyl i'r cyhoedd yn
gyffredin ei gefnogi. At hynny, yr oedd Terfysgoedd
Gordon wedi peri i lawer a fu gynt yn bleidiol fod
mwyach yn bryderus am ganlyniadau hyrwyddo
diwygiad. Wedi i Pitt fethu eilwaith â dwyn Mesur
gerbron yn 1785, fe aeth gweddillion nerth y mudiad,
a'i gefnogaeth yn y Senedd yn enwedig, yn llwyr ar
drai. Unwaith eto yr oedd Price wedi gweld mudiad
diwygiadol ym Mhrydain yn darfod amdano, a chryn
ddogn o'i egni ef fel petai wedi ei wario'n ofer.

Pan ail-gynheuwyd diddordeb mewn diwygiad ym
Mhrydain drachefn nid digwyddiadau gartref a'i
enynnodd ond symudiad tuag at chwyldro ar y
Cyfandir. Fe astudiodd Price y datblygiadau gwleidy-
ddol yn Ffrainc yn fanwl ystyriol; yn ystod y blynydd-
oedd gynt yr oedd wedi dod yn gydnabyddus â'r
Abbé Morellet ac wedi gohebu â Turgot, ac yr oedd
Mirabeau wedi cyfieithu i'r Ffrangeg ei bamffledyn
*Observations on the Importance of the American
Revolution*. Yn yr wyth-degau diweddar fe ohebai â'r
Duc de la Rochefoucauld a Condorcet, ac yr oedd
Thomas Jefferson, Cennad America i Ffrainc yr adeg
honno, yn ei gadw'n wybodus am y datblygiadau
gwleidyddol pwysicaf. O'r cychwyn fe ddehonglodd
Price y Chwyldro Ffrengig fel parhad naturiol o'r
Chwyldro Americanaidd, a hwnnw, yn ei farn ef,
wedi ei ysbrydoli yn ei dro gan ddigwyddiadau'r

Some of the latter had very little practical sense of what the public at large could be expected to support. And the Gordon Riots had made many who had previously been sympathetic apprehensive of the consequences of promoting reform. After Pitt's further failure to introduce a Bill in 1785 the remaining strength of the movement, particularly of its support in Parliament, ebbed away. Once more Price had seen a movement for reform in Britain come to nothing, and a great deal of his energy seemed to have been wasted.

When interest in reform in Britain revived again it was stimulated not by events at home but by a movement towards revolution on the Continent. Price studied political developments in France with close attention; in earlier years he had made the acquaintance of the Abbé Morellet, had corresponded with Turgot, and Mirabeau had translated his pamphlet *Observations on the Importance of the American Revolution* into French. In the late 1780's he corresponded with the Duc de la Rochefoucauld and Condorcet, and Thomas Jefferson, who was then the American Minister to France, kept him well-informed about the most important political developments. From the outset Price interpreted the French Revolution as the natural continuation of the American Revolution which, in turn, he believed, had been inspired by the events of the Glorious Revolution in Britain in 1688. Like the

Chwyldro Gogoneddus ym Mhrydain yn 1688. Fel yr
Americanwyr, dybiai Price, yr oedd y Ffrancwyr yn
sefyll ar egwyddor ymreolaeth; ymorol yr oeddent am
hynny o newid oedd raid wrtho i wneud eu sefydliadau
gwleidyddol yn offer mwy effeithiol at gyflawni ewyllys
y bobl. Gan hynny, pan wahoddwyd Price i bregethu
yng nghyfarfodydd blynyddol Cymdeithas y Chwyldro
yn Hendre'r Iddewon ar 4 Tachwedd 1789, i ddathlu
penblwydd y Chwyldro Gogoneddus, yr oedd yn falch
iawn o'r cyfle i longyfarch y Ffrancwyr ar eu llwyddiant
yng nghamre cynnar y Chwyldro. Yn hon, yr enwocaf o'i
bregethau, dan y pennawd *A Discourse on the Love
of Our Country*, y pwnc a gymerodd oedd dylets-
wyddau gwlatgarwr. Yr oedd ei fryd yn arbennig ar
wahaniaethu rhwng y gwir wlatgarwch a'r gau. Ni
roddai droedle i imperialaeth benboeth nac i rywun
ymfalchïo'n fyfïol yn ei genedl ei hun, ni chydymdeimlai
â'r rhai a geisiai arglwyddiaethu dros eraill neu ennill
clod am goncwest milwrol. Fe ddylai'r ffyniant y
dylem ei geisio i'n pobl ni'n hunain fod yn gyson
bob amser â buddiannau a lles pobloedd eraill. Fe
ysbrydolir gwir wlatgarwch bob amser gan synnwyr
o gyfiawnder ac eiddgarwch i amddiffyn iawnderau
naturiol. Yn anad dim, dybiai Price, fe ddylem
wrthsefyll y demtasiwn i droi serch at ein gwlad ein
hunain yn ffurf ar eilunaddoliaeth.

Beth ynteu a ddylai'r gwir wlatgarwr ei wneud?
Fe ddylai geisio'r gwir, meithrin y rhinweddau, ac
amddiffyn cyfle pob dyn i fwynhau'r iawnderau dynol

Americans, Price believed, the French were insisting upon the principle of self-government; the changes they sought to introduce were those that were necessary to make their political institutions more effective instruments for putting the will of the people into effect. So when Price was invited to preach the sermon at the Revolution Society's anniversary celebrations of the Glorious Revolution at the Old Jewry on 4 November 1789 he was delighted to be able to use the opportunity to congratulate the French on their success in the early stages of the Revolution. In this the most famous of his sermons, entitled *A Discourse on the Love of Our Country*, Price took as his theme the duties of a patriot. He was particularly concerned to distinguish the true from the false forms of patriotism. He had no place for jingoism or egocentric pride in one's own nation, no sympathy with those who sought to dominate others or seek glory in military conquest. The prosperity we should seek for our own people should always be consistent with the interests and the well-being of others. A true patriotism is always inspired by a sense of justice and an eagerness to defend natural rights. Above all, Price thought, we should resist the temptations to turn the love of our own country into a form of idolatry.

What then should the true patriot do? He should seek the truth, cultivate the virtues and defend every man's enjoyment of the basic human rights: freedom

sylfaenol: rhyddid i lefaru ac ymholi, rhyddid i addoli,
a rhyddid i gymryd rhan yn llywodraeth y gymdeithas
yr ydys yn perthyn iddi. Fe ddylid croesawu'r Chwyldro
Ffrengig, gredai Price, am iddo godi o awydd am
ddwyn i fod ffurf ar gymdeithas y câi dynion ynddi
ragor o ryddid a rhagor o gyfiawnder. Nid oedd ym
mhregeth Price, mewn effaith, fawr ddim nad oedd
wedi ei ddweud o'r blaen; yr oedd yr egwyddorion
a ddatganodd yn gyfarwydd i'r gynulleidfa, am eu
bod yn grynodeb o uchel amcanion yr ymneilltuaeth
radicalaidd. Pam, ynteu, y bu'r bregeth mor ddylan-
wadol er cynnull cefnogaeth i'r chwyldroadwyr Ffreng-
ig, ac er atgoffa'r rhai gartref am y diwygiadau oedd
eisiau i gyflawni ym Mhrydain waith y Chwyldro
Gogoneddus? Oblegid iddi lwyddo i uniaethu. fel petai,
y diwygwyr gartref a'r chwyldroadwyr dros y môr
â'i gilydd. Dyna, yn anad dim, pam yr ymosododd
Edmund Burke mor fustlaidd ar y bregeth; yr oedd
yn ofni fod Price yn annog y Prydeinwyr i efelychu
gormodd-derau gwaethaf y Ffrancod. Yr oedd cryn
dipyn o'r enwogrwydd, neu anfri, a gafodd Price
yr adeg hon yn ddyledus mewn gwirionedd i ymosodiad
Burke yn *Reflections on the Revolution in France*.
Yr oedd Burke yn credu fod cydymdeimlad Price â'r
Ffrancod yn ddwfn gyfeiliornus, ac yn gweld yn ei
frwdfrydedd dros ddiwygio'r Senedd, dros ddatgysyll-
tu'r Eglwys, a thros yr athrawiaeth o iawnderau
naturiol, dueddiadau a fyddai, o gael rhwydd hynt,
yn arwain y gwareiddiad Cristnogol i ddifancoll. Yn

of speech and enquiry, freedom of worship and the right to participate in the government of one's society. The French Revolution was to be welcomed, Price believed, because it was inspired by the desire to realize a form of society in which men would enjoy greater freedom and greater justice. There is, in effect, little in Price's sermon that he had not said before; the principles he enunciated were ones with which his congregation were familiar because they epitomized the ambitions of radical dissent. The reason why his sermon had the impact it did in rallying support for the French revolutionaries and in reminding those at home of the reforms that were needed to complete in Britain the work of the Glorious Revolution was its success in seeming to establish a common identity in reformers at home and revolutionaries abroad. This was pre-eminently the reason why the sermon was bitterly attacked by Edmund Burke who feared that Price was encouraging the British to emulate the worst excesses of the French. A large part of the fame, or notoriety, that came to Price at this time was in fact due to Burke's attack in *Reflections on the Revolution in France.* Burke believed that Price's sympathy for the French was profoundly mistaken, and saw in his enthusiasm for parliamentary reform, the disestablishment of the Church and the doctrine of natural rights tendencies that would, if indulged, lead to the destruction of Christian civilization. Burke's classic was published in 1790. Price was

1790 y cyhoeddwyd clasur Burke. Yr oedd erbyn hyn yn rhy hwyr ar ei oes i Price ymgymryd ag ateb beirniadaethau Burke ar raddfa gymesur; ac felly i ddwylo eraill y traddodwyd y dasg o amddiffyn sefydliadau democrataidd, iawnderau naturiol, ac egwyddor ymreolaeth—i Thomas Paine, Sir James Mackintosh, a Mary Wollstonecraft.

Fe fu Price farw yn Llundain, ar 19 Ebrill 1791. Fe dalodd ei gyfoeswyr deyrnged i'w waith mewn sawl maes, ac i gwmpas eang ei orchestion deallol: fe gofient unplygrwydd ei ymddygiad, diduedd-dra ei feddwl, ei ddyngarwch, a'i angerdd wrth amddiffyn ei syniad ef am ryddid. Gan y rhai sy a'u bryd ar amddiffyn gwerthoedd rhyddfrydiaeth a sefydliadau cynrychioladol, ni phalla ei fywyd a'i feddwl â bod o ddiddordeb.

now too far advanced into the evening of life to undertake a full-scale reply to his criticisms, so the defence of democratic institutions, natural rights and the principle of self-government now passed to other hands—Thomas Paine, Sir James Mackintosh and Mary Wollstonecraft.

Price died in London on 19 April 1791. His contemporaries paid tribute to his work in several fields and to the wide range of his intellectual achievements: they remembered the simplicity of his manners, the disinterestedness of his thought, his philanthropy and the passion with which he defended his conception of liberty. To those who are concerned to defend the values of liberalism and representative institutions his life and thought will never cease to be of interest.

DYDDIADAU RICHARD PRICE

1723 (23 Chwef)	Ei eni yn Nhyn-ton, Llangeinor, Morgannwg.
c.1735	Mynychu Academi Samuel Jones ym Mhen-twyn.
c.1739	Mynychu Academi Vavasour Griffiths yn Nhal-garth.
c.1740	Mynychu Academi Moorfields, Llundain.
c.1744	Mynd yn Gaplan Teuluol i George Streatfield yn Stoke Newington.
1757 (16 Meh)	Priodi Sarah Blundell.
1758	Pregethwr Bore a Phrynhawn, y Tŷ Cwrdd, Newington Green. *A Review of the Principal Questions and Difficulties in Morals.*
1765	F.R.S. (Cymrawd o'r Gymdeithas Frenhinol).
1767	*Four Dissertations.*
1769	Doethur mewn Diwinyddiaeth, Coleg Marischal, Aberdeen.
1770	Pregethwr Boreol yn Gravel Pit, Hackney (par-hau'n Bregethwr Prynhawn yn Newington Green tan 1783).
1771	*Observations on Reversionary Payments.*
1772	*Appeal to the Public on the subject of the National Debt.*
1775 (23 Awst)	Siôr III yn datgan fod y trefedigaethau mewn cyflwr o wrthryfel.
1776 (Chwef)	*Observations on the Nature of Civil Liberty.*
1776 (4 Gorff)	Datgan Annibyniaeth America.
1778 (Hydr)	Y Gyngres yn gwahodd Price i ddod yn ddinesydd o'r Unol Daleithiau.
1783 (Medi)	Cyntuniad Paris, yn rhoi terfyn ar Ryfel Anni-byniaeth America.
1784	*Observations on the Importance of the American Revolution.*
1786	Marwolaeth Sarah Price.
1787	*Sermons on the Christian Doctrine.*
1789 (14 Gorff)	Goresgyn y Bastille.
1789 (4 Tach)	*A Discourse on the Love of Our Country.*
1790	Edmund Burke, *Reflections on the Revolution in France.*
1791 (19 Ebrill)	Ei farwolaeth.

A CHRONOLOGY OF RICHARD PRICE

1723 (23 Feb.)	Born at Tyn-ton, Llangeinor, Glamorgan.
c.1735	Attends Samuel Jones's Academy at Pen-twyn.
c.1739	Attends Vavasour Griffiths' Academy at Talgarth.
c.1740	Attends Moorfields Academy, London.
c.1744	Becomes Family Chaplain to George Streatfield at Stoke Newington.
1757 (16 June)	Marries Sarah Blundell.
1758	Morning and Afternoon Preacher, Meeting House, Newington Green. *A Review of the Principal Questions and Difficulties in Morals.*
1765	F.R.S.
1767	*Four Dissertations.*
1769	Doctor of Divinity, Marischal College, Aberdeen.
1770	Morning Preacher at Gravel Pit, Hackney (continues as Afternoon Preacher at Newington Green until 1783).
1771	*Observations on Reversionary Payments.*
1772	*Appeal to the public on the subject of the National Debt.*
1775 (23 Aug.)	George III declares the colonies to be in a state of rebellion.
1776 (Feb.)	*Observations on the Nature of Civil Liberty.*
1776 (4 July)	Declaration of American Independence.
1778 (Oct.)	Congress invites Price to become a citizen of the United States.
1783 (Sept.)	Treaty of Paris which concludes the War of American Independence.
1784	*Observations on the Importance of the American Revolution.*
1786	Sarah Price died.
1787	*Sermons on the Christian Doctrine.*
1789 (14 July)	Storming of the Bastille.
1789 (4 Nov.)	*A Discourse on the Love of Our Country.*
1790	Edmund Burke, *Reflections on the Revolution in France.*
1791 (19 April)	Died.

LLYFRYDDIAETH FER
A SHORT BIBLIOGRAPHY

Price, Richard, *A Review of the Principal Questions in Morals*.
    ed. D. D. Raphael (Oxford, 1948, reprinted with corrections, 1974).

Price, Richard, *Four Dissertations*.
    4th ed. 1777.

Price, Richard, *Observations on Reversionary Payments*.
    ed. W. Morgan, 7th ed., 2 vols., 1812.

Price, Richard, *An Appeal to the public on the subject of the National Debt*, 4th ed., 1777.

Price, Richard, *Observations on the Nature of Civil Liberty*, 1st ed., 1776.

Price, Richard, *Additional Observations*, 1st ed., 1777.

Price, Richard, *Two Tracts*, 1778.

Price, Richard, *Observations on the Importance of the American Revolution*, 2nd ed., 1785.

Price, Richard, *Sermons on the Christian Doctrine*, 2nd ed. 1787.

Price, Richard, *A Discourse on the Love of Our Country*, 6th ed., 1790.

Brown, Peter, *The Chathamites* (London, 1967).

Cone, Carl B., *Torchbearer of Freedom* (Lexington, 1952).

Lincoln, A., *Some Political and Social Ideas of English Dissent* 1763-1800 (Cambridge, 1938).

Morgan, W., *Memoirs of the Life of the Rev. Richard Price, D.D., F.R.S.* (London, 1815).

Ogborn, M. E., *Equitable Assurances* (London, 1962).

Williams, Caroline E., *A Welsh Family*, 2nd ed. (London, 1893).